U0016431

人生，永遠需要一個理由：

有事問三分鐘熱度

三分鐘熱度——著

〈推薦序〉

看三分鐘熱度的書，其實什麼理由都不需要！

知名部落客　王大師

終於等到好網友三分鐘熱度賢伉儷出書了！大師與夫妻倆在網路上偶然相逢逾三年，記得最初好像是夫人對我的愛因斯坦吐舌像感到好奇，我則是很愛那個招牌烤麵包機。我們在寒暄幾句後結識。

浸淫在三分鐘熱度的部落格中，可以一同度過整天的生活。其中許多篇「不要××的理由」都是膾炙人口的好文章，尤其是〈尾牙不要叫員工表演的理由〉一文，我想深陷在上班打卡制、下班責任制的現代佃農族，看了後，絕對會心有戚戚焉。

老公是專業的科技分析師，書中提供詳細的「不要用智慧型手機」理由。雖說叫人「不要買」，但看完後會發現，有了三分鐘熱度提供的寶貴意見，消費者會更清楚買科技裝置的決策，讀者反而能得到更智慧的選擇。

在認識三分鐘夫婦多年後，對許多議題，我們的論點還是不盡相同。比方說在核四是否商轉上，我們常會在網路上迸出激辯的火花。但我深知，有著一流頭腦的三分鐘夫婦，可迅速爲大家找出不同觀點的切入點，讓閱讀文章的讀者有更全面的理解。

但說實話，我最欣賞的，就是夫婦倆愜意的生活習慣。我常常偷窺小倆口在吃什麼，有無介紹實用的鍋碗瓢盆？飽餐一頓之後，再與三分鐘老公一起於網路跑個精神馬拉松，雲遊四海。但老婆則常嘮叨長跑的壞處！

這就是閱讀三分鐘熱度夫妻妙文的讀者，可以遇到的精神饗宴。夫婦倆將生活中大大小小的點滴全包辦，讀者可跟著他們買手機、逛超市，吃完推薦的美食後，再選擇最佳的洗碗機善後。

在工作中遇到「慣老闆」時，大家可與賢伉儷一起咒罵。在書中找到分享喜怒哀樂的片刻，順便學習如何「順便」國際化。而就當想 fire 掉老闆的當下，讀者又可聽取是否考公職的建議，或直接在家當個黃臉婆。

不管你要什麼，隨手拿起這本《人生，永遠需要一個理由》翻翻，也許就在不經意間，會發現看三分鐘熱度的書，其實什麼理由都不需要！

一定不要看推薦序的理由

〈推薦序〉

一定不要看推薦序的理由

《指南》作者 DRE

從沒聽過夫妻還能一起寫部落格的。

中國傳統觀念上，夫妻兩人之中任一人，不幸誤入歧途，另一方理應基於人道立場即刻予以生理輔導，扮演懸崖勒馬的角色。然而他倆，不知啥隱疾，似久病厭世，竟選擇一同向崖邊縱身一躍。那一跳，完了，果不其然，墜入無底深淵，萬劫不復，陷深不可自拔，直至今日夫妻共同出書一本，令人不勝唏噓。更有甚者，囑我寫序，一錯再錯。

她說，她是我讀者。

言下之意像是我得負點責任的樣子，將我一軍。奈何我一布衣老粗，不諳逢迎作序之風雅，往日皆予婉拒，得罪出版商與作者無數，換言之，啥事沒做，便得罪了人。

沒道理。此即一定要寫序的理由。

由理觀之，這書一定不能買。

夫妻持相反觀點，見招過招，如政論節目翻版，兩派妖孽，套招拆招，國之所以將滅。爲理由一。

夫妻共同經營的事業，估計品質不怎麼穩定。士林有一牛肉麵，夫婦共持，麵中洋溢幸福，乃麵中之麵。唯吵架時，意氣用事，滿湯恨，易上火，需服雞屎白與守宮屎方得解。爲理由二。

夫妻生活務以房事爲重，共筆出書乙事，韶光虛擲，因噎廢食，此風不可長。爲理由三。

末了，附贈一忠告。寫序，古時還需毛筆，現今淪如馬屁，觀者尋無風景，寫者傻等錢領。應廢除，或撕毀之。

結帳後，沿此虛線撕毀

〈自序〉
人生，總是需要一個理由

人生，每天都有大小困境與抉擇。

猶記不久之前，人要做決定的程序很簡單，只要問問同學、師長、親友或擲筊，取得各方意見後，權衡一下自己的情況就可下決定。但網路普及、論壇、Google興起後，一切都變了，我們得在PTT、Mobile01、Yahoo知識網發問，跪求大大提供內情，並從數百則垃圾留言與酸言酸語中篩選出有意義的部分，接著用Google找出數十個貌似個人心得的部落格文章當參考。一般而言，要花上一兩週蒐集資料，雖然最後結果可能與你自己隨意下的決定差不多，但若不經過此一程序，你會遭人嘲笑「不用心」。

這本書的推出即是順應此潮流，提供各式做決定的理由供鄉親們參考，它最大的優勢在於紙本印刷，閱讀起來舒適，絕對不會有藍光（應該不會有電子版），你也可以保有尊嚴，不必發文跪求大大，冒著被陌生人酸的風險，或Google到一堆未揭露的廣告文，還自以爲挖到寶。而且本書內容相當廣泛，試圖涵蓋生活各面向，你要說我們亂寫也可以，但這與認眞寫的結果應該是一樣的。這一切好處，只需你掏錢購買即可獲得，很簡單，並且可以很驕傲的跟朋友說：「我之所以做這決定，都是因爲買了這本書當參考。」可見你用心良苦。

比方說年底到了，公司在準備尾牙表演，你百般不情願，因此需要看〈尾牙不要叫員工表演的理由〉；若你是資方，想要員工跳尾牙舞，則可以參考〈尾牙一定要叫員工表演的理由〉。家長們在猶豫是否購買智慧型手機給孩子時，本書也有精辟見解，正反皆有表述。假日早上睡醒，覺得今天不想去好市多衝鋒陷陣。但牙線用完了非去不可，好猶豫，這時候，你需要〈不去好市多的理由〉。看到某個部落客寫的文章，你很生氣，想留言罵他是白痴，雙手已經準備要打字了，但隱約覺得案情不單純，可能會有危險，這時你需要〈不要到部落格留言罵人的理由〉來救你。

這本理由書，它不會指導你如何生活或下決定，只求讓你變得更堅強，當你找到屬於自己的理由，做出一個「你自己懂爲什麼」的選擇。然後全力以赴做你想做的事，也能無怨無悔地接受它帶來的一切後果。

願你買了這本書之後，面對人生中各種決定，可以更輕鬆。

目次

Part 1 要不要買的理由

Part 2

要不要這樣工作的理由

Part 3 要不要這樣生活的理由

Q&A

要不要買的理由

Part 1

不要去好市多的理由

好市多適合全家人同遊，是我們台灣人放假時犒賞身心、增廣見聞的好去處。逛好市多，你會覺得很自在，因爲好市多裡的美國優質商品，你幾乎都買得起，也沒有售貨員跟著你，光只是看看美國人用什麼商品都覺得有趣。好市多商品按照季節更新，小孩和大人喜歡的東西都有，而且購物零風險，買了拆開、用過都還可以退貨。當你推著超載的購物車走遍整個倉庫，還是個很好的有氧運動呢！如果逛得血糖低了，想吃點東西，走沒幾步路，就有免費的試吃小站，因爲排隊試吃的人這麼多，所以你吃了不買，也不會不好意思。

但在去了好市多三千次之後，我仍然發現了不要去好市多的理由：

商品選擇性少，賣的東西總是那麼幾樣

好市多的商品款式一向不多，同種類的東西幾乎不會超過三種選擇。而且你最愛的某品牌或某型號的商品，通常也不會出現在好市多。

根據美國CNBC電視台在二〇一二年四月所拍攝的好市多紀錄片（Costco Craze-Inside the Ware house Giant），好市多的創辦人在片中大談他的成功祕訣之一：他的零售策略，就是減少同一種商品的款式。客戶在買東西時，由於選擇少，所以選購和猶豫的時間就少了，購買時也會比較乾脆。沒錯，去好市多買東西，我幾乎不用思考，反正沒什麼好挑的，趕快搬一搬結帳，然後快點滾出去下一站排隊買熱狗。

在好市多裡購物，看展售商品的樂趣比一般零售店少了很多。每樣商品通常就只有兩、三種品牌可以選擇，其中之一還常常是好市多自有品牌Kirkland牌，根本沒有什麼好比較和挑選的。對買東西喜歡先研究比較再下決策的人而言，在好市多購物可能會很無聊。

沒有試衣間，衣服款式有限

拜託！買衣服最起碼也要去個 Hang Ten 吧！至少別人還會覺得你那可能是在佐×奴或 N×T 買的。好市多的衣服，如同其他的商品一樣，款式不多，而且有些衣服的通路很稀有，比方說卡文克萊的四角內褲，我就只在好市多看過，你買下去很容易和別人撞衫，而且撞衫的人可能也知道，你是在好市多買的。

在好市多買衣服，沒有人會阻止你試穿，只是店裡沒有試衣間。

人很多，停車位很難找；在店裡購物會塞車，還有人會偷你的購物車

去好市多通常要開車，雖然它店很大，停車場也很大，但假日仍然一位難求。那是因爲去購物的人眞的很多！根據《華爾街日報》在二〇一〇年的報導，台灣的好市多內湖店，是全世界五百六十七家好市多中獲利最高的的第一名（注）。因爲台灣人崇洋，熱愛美國貨不奇怪，而且台灣人假日沒什麼地方去，所以一放假，方圓百里的人都聚集到好市多來嘛！

好市多很大，走道也很寬。但別忘了它的購物車也很大，人多起來的時候，

在賣場裡推購物車也會塞車。

在好市多裡很容易消耗體力，還沒走到第一個試吃攤位，怎麼就已經覺得餓了、累了呢？我想應該是人太多，所以你必須時時提高警覺。因爲從賣場裡推擠出去，到外頭拿一台購物車，會消耗你珍貴的體力和時間，所以在第一樣商品還沒放入購物車前，別人可能會因爲一台購物車不夠用，於是把你的空購物車給偷走。等你將東西放入購物車後，還是要小心自己被某樣商品吸引過去，然後一恍神就忘了購物車放哪裡。

冷藏商品包裝很大，但你家裡的冰箱很小

好市多裡有很多試吃攤位，只要每試吃一次，就增加你購買的機率。但好市多的食物幾乎都是家庭號大包裝，番茄醬一罐一公斤，美乃滋一罐將近兩公升，一開封你就災係啊，誰家一年吃得完兩公升的番茄醬？吃不完，冰箱又放不下。如果你裝一裝拿去送人，別人只覺得你這包裝看起來頗噁心的，還不一定想要呢！我家買的是貴婦推薦的冰箱，因爲站在貴婦的立場，她不會去好市多批便宜貨，所以貴婦推薦的冰箱空間會比較小。一旦冰箱擺了幾個吃剩的罐頭、醬料、牛奶

和昨天的剩菜之後，根本就沒辦法囤積冷藏或冷凍食品，因此，我早已對好市多的試吃攤免疫。

你會買得更多

每次去好市多前，我都要先禱告，祈禱我在和老婆吵架之前就能找到一個停車位。所以，當你好不容易找到停車位，走進賣場之後，一定會覺得自己好幸運，一定要多買一點才値回票價啊！你討厭人多找停車位的感覺，於是抱著一種僥倖的心理，想說這次成功攻進好市多了，如果買十串衛生紙、二十盒牙線，就可以拖個半年，再回來被凌遲一次。

你會用得更多

因爲「到達不易」和四面八方「超載購物車」的刺激，你通常會在好市多買很多東西。更不利的是，好市多的東西時常都是一大桶的，如果沒有鄰居親戚和你分著吃或分著用，那你就是得自己吃完或用完。假如你不能在期限內用完，那只能丟掉，很浪費，所以你會在期限內下意識的努力消耗。終於，你在期限內解決掉它們了，恭喜！但這表示你消耗得比你本來需要的更多，你還是浪費。

因為可以退貨，所以你就亂買

同樣的東西，在其他通路，老婆可能不讓我買，但是在好市多裡，不管我拿什麼去結帳，老婆卻很少禁止我。

在好市多購物零風險，所以先買了再說，反正買來要是不好用、不喜歡，再退貨就好了。雖然好市多退貨不囉嗦，但既然把商品打開了，最起碼要給人家裝回去再退貨，這是基本禮貌。我看你一大堆包材在那邊拿出來、裝回去，然後還得特地跑一趟、拚停車位、排隊，時間難道不是珍貴資源？

別忘了，這所有退貨任務完成之後，你只是完成了「退貨」，最後你仍然什麼都沒有得到，和你原來沒買它的結果是一樣的。

不一定讓你省錢

好市多的東西可能比較便宜，但還不是最便宜的。你眞的有辦法算出每一樣東西的單價，再和其他通路的相同商品比較嗎？平凡人是沒這種閒功夫去算錢比價的，除非眞的很無聊。而且我每次到好市多都很自愛，看拿的商品已經達到購物車容積的五分之一後，我就會停手，但每次結帳至少也能結個三、四千元。

再扣掉你最後用不完丟掉的無謂耗損，你覺得自己眞的省到錢了嗎？所以最好不要預設你去好市多買東西，最後眞的能省到錢。

只能刷一到兩家銀行的信用卡，而且會換

幾年前還能刷中國信託卡，最近又換成國泰世華卡了。我家買菜，按照慣例是老婆買單，對她這個沒有工作、戶頭又沒有超過十萬元的家庭主婦來講，換銀行辦新信用卡是非常麻煩的一件事。

沒有郵局提款機

因爲我們發現不能刷別家銀行信用卡，於是得付現金，結果那家好市多又沒有郵局的提款機，害我們必須跨行提款，又被收手續費。

要辦會員，還要付年費

現在很多商店都是要辦會員卡的，辦會員卡沒關係，不要收錢或開信用卡就好，但好市多辦會員是要付年費的。

各購物通道都沒有指標，想買的東西總是找不到，老闆故意的

在好市多倉庫裡走來走去，老是找不到想要的東西，而且商品還會不定期換位置。正當你以為自己已經牢牢記住商品的位置，走過去想拿，結果又沒有！同樣根據 Costco Craze 這齣紀錄片：老闆說他就是故意的呀，怎樣？他認爲這會讓你走進每一條通道，都感到驚喜。可是有些人就是要直接找他需要的東西嘛！依我看，這是在整人，明明就是浪費我的時間，但老闆卻希望我覺得這樣很有趣。

商品有季節性。曾經買過某商品很好，之後想買，再去發現又沒了

聖誕節前曾在美國的好市多買過一大盒金莎，可能有比較便宜吧！和我老婆一週吃完一百顆金莎，吃得好開心，但聖誕節後再去想掃個幾箱回來，結果又買

不到了。怒！

好市多的家庭號，會讓你的生活更單調

上次買了一排洗髮精，結果三年都用不完，而市面上更有梗的洗髮精一直出現，家裡這排卻怎麼用都永遠不會變少。人生有幾個三年？三年都不能換洗髮精，有種被綁住的感覺。哇哩咧，中年男子的人生已經沒什麼變化了，連洗髮精都沒辦法自由選擇，眞令人憂鬱。

總結

好市多是我們台灣的購物天堂，商品一律批發價，進口商品質好，購物零風險。但是商品選擇性少，買衣服沒有試衣間，一到假日就人滿為患，倉庫裡沒指標，白走很多冤枉路。商品也有季節性，說不賣就不賣了。

去好市多，在心理作用和批發價的刺激之下，很可能會讓你所買的東西超過你本來所需要的。好市多雖然比較便宜，但你還是會花很多錢。另外好市多結帳方式很少，只能刷一到兩家信用卡，提款機也只有一台，通常不是郵局的。要每年繳會費，更新會員資格。在好市多仍有陷阱和隱藏成本，但人往往被「批發價」和「進口貨」的噱頭所矇蔽，想節省資源的人，出發前還是要仔細評估。

注：參考資料來源 http://online.wsj.com/news/articles/SB1000142405270230395904575157910930303400

一定要去好市多的理由

（老婆也有話說）

老公熱愛好市多。爲什麼呢？在經年累月的辛苦工作，卻苦等不到升官發財，也看不出人生有任何致富的希望時，放假時只要走一趟好市多，會**有種讓他瞬間變成有錢人的幸福感**。

老公一走進好市多，他的靈魂好像突然出竅到上流社會。一進門，先駐足在入口處的超大電視前，看著銀幕上不斷放大的熱氣球出神；在電子產品區，拿起近萬元的藍芽喇叭翻轉數次，凝視它的每個部位，不願意放下來；在家電區，看到兩萬元的 Dyson 吸塵器就狂拍照留念，看到八千元的電扇就說這很便宜；看到六千元的全雞大烤箱，對我說，我們可以買回家，自己沒事就能烤個全雞來吃。回家他還一再重提十幾次這些商品的好處，像個想買喬丹鞋的國中生一樣，直到我大聲喝斥他，他才畏縮到一旁去。

走進好市多，**有一種回到家的安全感**。因爲裡面的東西，一個正常家庭幾乎都用得著，買了也沒人能說你揮霍浪費。好市多的商品定價很親民，每樣東西你幾乎都買得起，也沒有店員會給你壓力，好市多裡的商品都是精選過的，所以踩到雷的機會很低。而且一次買一堆東西，心理上就有種不虞匱乏、過著充裕生活的舒適感。在好市多就算錢先給人家收走也不怕，反正想退就退，連「不喜歡」也能成退貨理由。總之，**在好市多花一點點錢，但你心裡的感受就像大爺**。

這個原理大家都懂，也因爲大家都不是有錢人，但都想當凱子，和你志同道合的人很多，所以一到放假，大家都想去好市多當大爺。但每次去好市多，開門迎接你的不是穿著體面的櫃姊和店員，而是難找的停車位和擠得水洩不通的倉庫。假日早上十點，你若是還沒抵達店門口，那你在夫妻吵架之前找到停車位的機率大約是百分之一。

好市多裡的東西雖然好用又實惠，但是由於人多，所以你付出金錢之外的成本就很高。比方說走得很累，因爲停車位有限，於是要去好市多的假日當天，一起床就面對時間壓力；萬一買了東西要退貨，必須本人親自再去一次，網購至少還有宅急便來收退貨。走一趟好市多，回家又勢必要清冰箱、清櫃子，好放得下各種戰利品。怎麼覺得每次從好市多回來，把東西搬進家裡、歸好位之後，感覺整個人就像做了場愛一樣，既累又空虛。

但有好市多仍然是種幸福。對於很多在美國生活過而且喜愛美式風土民情、生活方式的人而言，好市多是一個讓人重溫美國夢的地方。裡面有許多商品，和美國好市多賣的幾乎一樣，美國人用的，你在台灣也隨時買得到、用得起。好市多的大門，永遠爲你而開，在裡面，你可以很放肆，恣意替自己打造一個舒適、富足的中產階級之家。

不要用智慧型手機的理由

IDC商業調查機構說：「二〇一三年智慧型手機的銷售量將超過傳統式手機。」這步調看起來比傳統相機被淘汰的速度還快，現在你不想用智慧型手機都難。

擁抱科技是件好事，但當我們習慣低著頭（看手機）走路時，那科技不一定會帶我們到想去的地方，Smart Phone也不一定會讓我們長智慧、增人性，而後遺症反而不少。本文是我近年來對於使用智慧型手機的想法，寫給已經擁有、即將擁有以及不打算擁有的人，在使用前得先記住一個「不要用智慧型手機的理由」。

少了停下腳步的餘裕

前陣子參加了一場告別式，場面肅穆哀戚，往生者年紀才五十出頭而已，平時注重養生運動，但癌症就像暗夜裡的巨浪，生命在它前面只能臣服，告別式上充滿啜泣聲與不捨的淚水。雖然那不是我第一次參加告別式，但卻是第一次看到，不少人在祭拜完退出禮堂之後，馬上拿起手機低頭猛滑。

的確，人生得繼續走下去，自己哀悼的部分結束了，當然得趕快 check 一下剛剛臉書或 LINE 上面錯過的訊息。但這樣的哀悼過於速成，沒有聽別人怎麼懷念這位親友，少了停下腳步、反省人生意義的過程，真的好嗎？我們急著把生活中看似留白的部分略過，填補上多彩多姿的活動，這樣塞滿滿的人生，「自己」還剩下什麼？

攤販工作不投入

街上攤商以往的吆喝聲變少了，在客人比較少的時候，店員現在都各自在玩手機，他們之間沒有對話、也不整理雜亂的店面、更別說招攬客人了，生意差不是沒有原因的（這樣才有更多時間讓他們玩手機）。當初創業的初衷，難道是爲了讓自己有更多時間打手機？這似乎離財務獨立越來越遠，何不趁生意少的時候思考如何突破經營困境？

干擾無辜乘客

某天我上了一班前胸貼後背的車廂，在幾次列車加減速的過程中，發現後方的小姐，把全身重量都壓在我身上，斜眼瞄了一下，她上方的把手是空的。我心想應該是雙手提重物才沒辦法緊握，再仔細一看，原來她在看《蘭陵王》，雙手緊緊握著智慧型手機，早已靈魂出竅、遊蕩在千年前的古裝世界裡。

我決定把她拉回地球。怎麼做？調整姿勢，讓她在下次刹車時，往前撲空。

容易輕忽職守

以往稍微靠近敏感的場所時，都會被保全詢問，現在不太會了，因爲保全都坐在自己的位子上，認眞地用手機上網「打發時間」。我能理解執勤時如果平安無事，其實每天的例行公事做起來還蠻無聊的，但這些人似乎忽略了自己的職責之一是「隨時保持警戒」。

零碎的時間可以使美夢成真

記得念高中時，每天搭公車通勤，車上的同學大多都在背英文單字。「零碎的時間可以使美夢成真」講得眞對，自從把那些單字記起來，就跟了自己一輩子，現在還會用。而如今的公車上，同學大多是在打 LINE、臉書或 Candy Crush，同時間切換數個 APP，其實相當讓人佩服，但似乎不會離夢想越來越近。

沒有互動還算約會嗎？

餐廳裡，男女面對面坐著，卻只盯著自己的手機，似乎在避免那無話可說的尷尬片刻。這樣的約會，沒有情感的交流，少了互相關懷的問候，不注意眼前這人的一顰一笑，難道大家忘了約會的互動已經算是夜晚前戲的開始，我懷疑這樣能夠激出更大的火花嗎？這算哪門子的約會？

我還看過一對母子在餐廳吃飯，媽媽訓誡兒子說：「不要邊吃飯邊玩手機，要嘛專心吃飯，要嘛就專心玩。」兒子怎麼樣就是不聽，因爲媽媽講這句話的時候，眼睛看的是她自己的智慧型手機。

無法達到真正的放空

到郊外旅遊，進了飯店不是馬上去享受那難得的悠閒，而是拍照、打卡，告訴在城裡的朋友自己有多爽。接著不時追蹤朋友是否對自己的打卡留言，如果有人講了掃興的話，還會不開心一整天。這樣的旅遊人在外地，心卻被智慧型手機緊緊地綁在社群網路裡，想放空？難啊！

手機儲存太多敏感性的資料，一旦遺失就會崩潰

記得以前弄丟隨身筆記本或皮夾，就已經搞得人仰馬翻，害怕重要的私人訊息落到有心人士手裡。現在智慧型手機要是掉了，已經不是痛哭流涕可以形容，因爲還有更多的私人資料在裡面，包括玉（慾）照、帳號密碼、公司信件、通訊錄、連接臉書、LINE……都可以直接盜用，如果剛好沒設密碼（或是密碼被破解），那應該會崩潰。

在此要提醒的是，如果你不知道智慧型手機遺失了該怎麼處理，那還是先不

要用的好，免得把自己暴露在更大的風險下。

「想要」不等於「需要」，今日的科技是明日的垃圾

你會產生「想要」的感覺，其實是因爲它們的廣告和行銷打得好。還是理性一點，仔細想一下到底自己眞的是否「需要」。如果你已經有了桌上型電腦、筆記型電腦、平板電腦，上班（或上課）時又可以隨時上網，也許普通的手機就夠了。智慧型手機占用你異常珍貴「什麼事都不想做」的時間，使你漠視「需要放空」的需求，輕者得到資訊焦慮症，重則破壞家庭幸福，小心啊！

而且今天你覺得很先進的電子產品，到明年就變成電子垃圾，就算你在它身上花了再多時間，它也不會關心我們，愛我們，陪我們一輩子。

沒事找一堆APP裝忙

閉上眼睛想一想，那些APP眞的會讓我們的生活變得更好？一天到晚研究如何讓手機更省電，意義在哪？常聽同事抱怨：「平常上班已經很忙了，沒時間發展自己的興趣（如：組團、跳舞、跑步、騎腳踏車、演舞台劇、交男女朋友），

生活好空虛……人生，真的只是上班賺錢嗎？」你裝了一堆APP，只會讓自己更加忙碌，卻不會有什麼實質的收穫，還是多參與一些活動，讓自己走出去吧！

薪水沒漲

而且現在什麼都漲，我們勞工的待遇卻倒退到十五年前的水準，年輕人出社會的第一份薪水還被壓到22K以下。你也可以考慮先把錢省下來，供必要的支出使用。不用智慧型手機，對生活一點影響也沒有。

總結

「殺時間」是很多人用智慧型手機的理由，像是排隊、等公車、搭飛機、開會、參加告別式……大家都想跳過這些我們認為無聊或暴露自己寂寞的時刻，而拚了命的想要把這些留白的時間填滿，打LINE、臉書、遊戲、瀏覽新聞……在智慧型手機上有太多的活動可以做，但很多時候卻變成機械式的操作。

我們拿那些無意義的資訊填滿自己，好讓你不被自己看到，但也許只有當無聊或寂寞時，「自我」才能夠暴露在意識的最上層，使你有辦法跟自己進行對話，但我們卻這麼害怕面對自己，想找無止境的資訊來壓制它，那你怎麼知道自己真正要的是什麼？下次無聊的時候，別再拿手機出來了，先問自己一聲：「你過得好嗎？」或許對生活會有正向的改變。

一定要用智慧型手機的理由

上一篇〈不要用智慧型手機的理由〉，原本是抱持輕鬆愉快的心情撰寫，但沒想到越寫越嚴肅，很不符合本部落格的風格，而且竟然獲得極大的迴響，眞是出乎我意料。但有另一批讀者不高興了，其中以學生朋友為最，說這部落格一下寫「不要買手機」，一下又寫「不要用智慧型手機」，擺明與我們消費者作對嘛！在同學們想買手機的時候，家長還拿這文章來從中作梗。所以這次我特別在書中寫了篇〈一定要用智慧型手機的理由〉，方便同學們說服家長付帳時求心安使用。當然，同學們得先掏錢買這本書就是了。

如果貴家長正、反兩篇的論述都看過，還是不同意買單的話，同學們，我建議你去打工存錢比較快。

記得我第一次用的行動裝置叫做 B.B. call，是我在大一時參加活動抽到的，還是可口可樂限定版，當年拉風的程度，不亞於現在頭一個排隊買到 iPad 的人，三不五時就得低頭 check 一下 B.B. call 的螢幕，可說是低頭族的先驅。不過，當年要回電時有點麻煩，得找個公共電話才行，前面排隊的人通常都很多，且十通來電中有九通是我媽打來的，找我約會的訊息並不多，這是讓我很困擾的地方。

B.B. call 用沒多久後，手機開始流行起來，而且人手一機，但我就跟 NOKIA 輕忽智慧型手機的興起一樣，反應慢了半拍，仍迷戀那款可口可樂限定版的 B.B. call，以及過度自信地相信宿舍樓下總是會有空的公共電話可用，以致於每每聽到同學聯誼找咖的風聲，正當我要回電時，他們早已騎機車揚長而去，留我一人在宿舍空餘恨，只能打星海爭霸和看愛情動作片洩憤。

這兩年平價的智慧型手機興起，搭公車或捷運時，十個人裡有八個都在低頭滑手機，不復當年看書、看報、翻雜誌或是放空發呆想事情的光景。所以，我們要明白這是趨勢，沒有好壞，就跟女孩子穿比基尼一樣，一開始不太習慣，看久了就懂她的內在美。凡是時代的巨輪這類風潮，我們得順從它，所以家長們將半個月或整個月的月薪拿來給同學們買智慧型手機，完全是合情合理的，以下的理由則是要來支持我的論述。

大家都在低頭，你抬著頭怎麼進得去他們的世界？

現在餐廳禮儀變了，許久不見的朋友見了面，先寒暄、聊一下天氣，接著是拿出自己的手機來耍弄，進一步再聊聊手機的性能，其他的事情則不能多說，因爲大家已經知道彼此過去在臉書上po的動態更新，你再跟人聊近況，也只是複習而已，非常無聊。不過可以聊聊生日時得到了幾個讚，或是問對方爲什麼沒讚你。接著再一起把手機拿出來，互相LINE來LINE去，放各種誇張的表情貼紙，講八卦、談是非，順便用言語霸凌一下還沒買智慧型手機的同學，三不五時一起對著螢幕痴痴的笑，朋友間的聚會與交流，最開心的氛圍不就是這樣嗎？

等鬆餅、咖啡端上桌後，別忘了用手機照相上傳到臉書，順便發個閃文給那些沒來的朋友看，讓大家知道這場聚會有多成功，彼此有多交心！傳完後，接下來到睡前，我們則是要觀察這篇文得到了幾個讚，並且逐一回覆其他同學的留言，彼此再讚來讚去，直到睡著前一刻。所以，若你沒有智慧型手機，即使參加了聚會，但沒辦法參與到最重要的低頭時刻，也無法隨時在臉書上和大家交流聚會的心得，大家還以爲你沒來呢！

頭低久了，你總會撞到有緣人

有人說低頭族走路很危險，看不到路況，且容易撞到人。會說這種危言聳聽的話，這人肯定沒用過智慧型手機，不懂有東西叫 APP，走路時開個相機 APP，把前方一公尺內的畫面傳到手機上觀看，問題不就解決了嗎？不過實驗證實，低頭滑手機走路仍有撞到人的風險，原因在於同學們零用錢有限，必須在規格上妥協，導致容易買到畫面常 lag 或螢幕太小的手機，低頭走路時，無法用大螢幕觀看前方路況，畫面 lag 則是讓影像無法及時回傳，以爲前方沒人，但其實來了一台 U-Bike。做家長的看到這應該要有同理心，最好主動將同學零用錢提高，手機升級成旗艦款。

若家長手頭有點緊，沒辦法將同學的手機升級，那也別氣餒，這裡告訴大家一個低頭走路的附帶好處，就是你容易撞到有緣人。電影、電視、廣告都是這麼演的，有天總會讓你撞到一個願意被搭訕、留電話的美女或帥哥。訣竅是走路時頭越低、眼睛越貼近螢幕，將大幅提高撞到人的或然率，撞倒的姿勢也越自然，如果他跟你拿同款手機，撞倒後又互相拿錯，他媽的！這不叫做緣分，什麼才叫做緣分？但切記這招不要在過馬路時使用，因爲撞到車子的機率比撞到人高幾倍。

方便經營龐大的人脈資料庫

記得我國中時，很流行到書局買那種像名片大小、封面封底有磁性，拉開後是一長條折頁的通訊錄。當時我的人緣不差，朋友的電話幾乎可以抄滿正反兩頁，大約就是整班四十個同學，當時能達成這紀錄的沒幾個，原以爲我這輩子的朋友大概就這麼多了。我算過，每天若花半小時打電話和同學聊天，一晚頂多 call 一至三位，等全部打完，一個月都快過去了，朋友經營實在不易。接下來在成長的過程中，有的朋友失聯了，有時又認識新朋友，因此朋友總數並無明顯增長。

當我擁有智慧型手機後，一切都不同了，人生變成彩色，所有從以前到現在認識的人，包含打錯電話的、網拍的買家……忽然都在臉書與 LINE 上重逢，人生的緣分就是如此奇妙，目前我總共要經營的臉書朋友高達四百多個，聽說人緣好的人還可以達五千個！

同學們生長在科技的時代，從小認識的人自然不會像以前一樣有失聯的情形，因此隨身攜帶可儲存無限筆資料、同時可以向所有人傳遞資訊的智慧型手機是必須的。想像若有一天你想搞學運或社會運動，或找人路過某處壯聲勢，這都是很方便的工具。

有助於聊天

古人鬥蟋蟀，人手一隻提在手上，朋友見面、聊完天氣後，下一秒就接著聊自己的蟋蟀戰鬥力多強、叫聲多淒厲、鬍鬚多長、下顎的咬合力道如何……現在智慧型手機之普遍，也是一樣的道理，有一部分是要來社交用的，朋友見了面必定要好好賞析、評比一番，像是八成手機用戶所使用的 Andorid 就是很好的選擇，相機畫素從幾百到幾千萬都有，處理器是高通的四核好，還是聯發科的八核猛，跑分有無作弊，這些事情聊起來可說沒完沒了。

但你可別亂買手機，像 iPhone 使用的是 iOS 系統且硬體規格自成一格，大家買的規格都一樣，見面只能聊保護套等配件，而不是手機本身，與 Andorid 手機很難比較。記住，這無關手機性能如何，這好比當朋友在聊蟋蟀時，你卻拿蚱蜢出來，除非你是 LBJ 寶傑哥附身，否則這話題能接得上去嗎？

提高身分地位

想彰顯地位，很重要的是靠身上的行頭，開雙B、拿LV是經典的做法，豪氣一點的還會戴勞力士、紅蟳、滿天星，但那必須冒著手被砍掉的風險，近來只剩傻B或金光黨才會這麼做，對於同學或收入有限的小資上班族來說，旗艦款智慧型手機則是很好的切入點。其實旗艦款手機與平價手機，功能性相似度達99％，但價格特別高，推出時約要價22K，而且數月內迅速跌價，但這無損它是旗艦款手機的事實，而且特別突顯你有能力一擲千金的豪氣，擁有它不但品味增加，社經地位提高，人也多點自信，絕非金錢可衡量。

隨時可以蒐證

不管是同學霸凌、老師暴走、上司言語辱罵、同事出糗，老闆用過期食材給客人吃，都可以利用隨身攜帶的智慧型手機蒐證，化身爲行動小狗仔。

裝忙的利器

有時候人就是要裝忙，像是過年回家團聚，剛好有人挑起了個你不想講的話題，比方說年終獎金幾個月？哪個表弟又升職加薪了，還有你結婚幾年了怎麼還不生小孩？這時你有智慧型手機，就像金鐘罩，能把自己隔絕於這場內耗中。並不是你不想和大家談這個話題，而是你有很重要的 email 要回，看你生意做得多大啊！明年就換你大聲說自己年終獎金幾個月了！或是你有電動要打，這個時候「嗯嗯」「哦哦」都是很正常的，聽到這種狀聲詞之後，別人就知道再跟你講話，那就是自討沒趣了。

總結

礙於篇幅，關於擁有智慧型手機的好處，我只能點到為止，其他請自行舉一反三，相信購買智慧型手機的正當性已取得。

至於要買哪一款手機？這是最多人問到的問題，會這樣問的朋友心態上大多是想速成，略過研讀各大網站開箱文、部落格體驗文、論壇爬文，等待是否有災情傳出，以及跪求大大透露入手價格等需耗時數週甚至數月等動作。

其實每個人的需求與對品牌的喜好都不同，而且手機品牌與規格之雜亂，資訊的排列組合已達海量，第三人很難給予任何建議，但我個人也不喜歡那種諮詢律師後，還是無法下決定的感覺。

身為一位負責任的部落客，我建議你跟我一樣，無法決定時，就到廟裡擲筊，通常結果會跟深思熟慮幾週後差不多。

看我化身行動小狗仔！
呀比～有55個讚啦！
嗯，嗯，哦哦……

不要用智慧型手機的理由（番外篇）

「不要買的理由」是部落格裡成長最快速的系列文章，甚至成爲招牌，以「不要買××手機」爲多數，開始時其實只是亂寫，想嘲諷一下產品在重度行銷下，其實有不欲消費者所知的一面。純粹想搞笑，增加部落格的可讀性。但刊出後，雪片般飛來的留言卻是出乎我意料之外，而其中有一半是來辱罵我的，我可以讀得出他們非常憤怒，想在留言板上盡全力保護他們所用的手機不受到負面批評。有些人甚至罵我是白痴、智障，說如果在路上見到會打我，還叫我去死呢！

我想了很久，想知道爲什麼有人寧願送上把柄給別人抓，冒著法律訴訟的危險，只爲了保護自己買的手機，捍衛廠商的利益，消費者不是應該站在同一陣線嗎？想來想去，大概就只有一個可能，就是大家被品牌或廣告給洗腦了，他們將某支手機在廣告裡標榜的特質，內化成自己的一部分，接著不小心以為使用某支手機，就能代表自己的人格、品味和地位。所以當我批評了某個產品，他們誤以為我在批評他們的內在，但事實是，這不過就是一樣產品。

認為一個外在的產品能代表自己內在，其實這很常見。比方說揹名牌包、買名牌衣服，就覺得自己眞的有了自信，因為這些商品成功塑造了階級性。但其實我自己也不能免俗，會從一個人所用的東西來鑑定他可能是個什麼樣的人。不過LV在我心目中是一個已出現反效果的商品，看到有女人揹LV從我面前走過，我心中產生的已非愛慕之情，而是負面的感覺。當然這種心情是下意識的，可能是由愛生恨或嫉妒，也可能是讀了DRE的〈包包購買指南〉所導致。

「不要買的理由」這一系列能一直寫作下去，除了這世界上永無止境的產品不斷推出，讓人忍不住想發揮賤骨精神吐個槽之外，也是希望有緣人若是看懂了，願意多花一些時間關心物質之外的事情，比方說做做環保，經營自己和家人的關係，聽聽音樂，讀讀書……這些事情自古以來，就是用極少的金錢獲得極大的精神滿足，和瘋狂追逐任何3C產品相比，絕對是人生中CP值極高的投資。

不要買洗碗機的理由

我家的洗碗機時常被抓包洗不乾淨，但我仍然深愛著它，如果有廠商找我代言洗碗機，付我一百萬，叫我在記者面前親它、抱它、舔它，我都願意。

每天吃完晚餐，主婦已經忙了一天。晚餐，將爲她今天的成敗寫下結論，晚餐後把全家人用過的碗洗乾淨，更是壓死主婦的最後一根稻草，但我不需要期待老公這時會可憐我，會大發慈悲幫我洗碗，我自己就能把碗盤全部放進洗碗機裡，按下開關，然後去喝奶茶。每逢生日、情人節、結婚紀念日，我老公也不會用「今天幫你洗個碗」這種雕蟲小惠當禮物。所以，我今年生日名正言順地得到了一個免治馬桶座，坐在暖暖的馬桶上享受ＳＰＡ，我覺得自己很幸福，因爲這完全是我用自己的智慧爭取來的。

即使洗碗機再造我的煮婦人生，當我向其他水深火熱的主婦說明「洗碗機如何讓我重生」時，她們仍然不感興趣。大家都懷疑買洗碗機能幹嘛？它眞的能洗碗嗎？你眞的會用嗎？

大家說，一個家庭不需要買洗碗機，理由是：

洗碗是舉手之勞，才幾個碗，一下就洗完了

我們家庭主婦整天待家裡當貴婦，又不用上班，平常最多不過做做幾件家事，而且一下子就做完了，好命呦！洗個碗，不過就是煮完飯、洗完鍋子砧板、刷完瓦斯爐、再切完水果後的舉手之勞嘛！洗碗不會消耗熱量，不用花體力，沒有主管監督你，也沒有壓力，是很輕鬆的工作啊！所以家庭主婦要洗碗機幹嘛？什麼？你說當家庭主婦很辛苦很累，家庭主婦有比老公上班賺錢辛苦嗎？有比造橋鋪路的工人累嗎？

女人有了洗碗機，家事變少了，她會變太閒，就惹事生非

職業婦女之所以會誕生，是因爲有人發明了洗衣機，於是結了婚的女人終於

能擺脫永遠做不完的家事，兼顧家庭和工作，走出家門和男人在職場上競爭，取得獨立自主權。你敢想像，繼家庭主婦有了洗衣機之後，再給她一台洗碗機，那她會變多閒嗎？她們還會搞什麼花樣出來？天下要大亂了！

過年時，所有親戚來家裡吃飯，你沒有碗可以洗，就得出去和他們聊天

過年過節，族人三代二、三十個人來家裡拜年、打麻將、吃三餐，一群人飽食終日，無所事事，這時幹得出什麼好事？吃飽閒著，平時又沒什麼健康的興趣，也不讀點書，更沒什麼話題可聊，人吃飽就懶了，但嘴巴還是要動動。講著講著就炫耀起自己來了，親戚好友平時除了借錢之外，反正不會講真心話，正好拿來比較一下，順便酸個幾句。

這個黑暗的**moment**，請問你喜歡躲在廚房洗碗，或是喜歡被不相干的人問你什麼時候才要生小孩呢？小孩今年考高中，人家的兒子考上建中，你兒子讀汽修科，別人在聊如何教育小孩，你敢開口嗎？你喜歡聽別人說他老公、兒子就職的某科技廠年終發了十個月，買了新車，在哪裡又買了間房子嗎？這個時候，**你有越多碗可以洗，就可以在廚房待得越久，廚房裡的碗盤山，就是你的保護傘**。等你洗

完出去的時候，人家剛好都講完了。這樣不是很好嗎？

朋友來家裡吃飯，如果沒廚藝又沒帶伴手禮，萬一還不能幫忙洗碗，不就等於吃免錢的？這樣他會很尷尬

有些朋友喜歡沒事來家裡吃便飯，偏偏連啤酒都沒帶，而且沒有廚藝，連揀個菜都不會。這種人在廚房裡，完全沒有利用價值可言，好在他還會洗碗，如果沒有碗洗，那人家會不好意思，下次都不敢再來你家吃飯了。

買了洗碗機還是得洗碗

有些東西，洗碗機天生沒辦法洗的，如炒菜鍋、有塑膠柄的菜刀、耐熱低於80度的塑膠製品等，洗碗機雖然有空位，你還是得強忍著不把它們放進去。洗碗機還有分大台和小台，如果你買的是小台的洗碗機，那有些東西偏偏就是沒辦法放進去，比方說大碗公、大盤子，結果造成你洗碗時還要分類，還要動腦筋篩選和抉擇，這種心靈的煎熬，讓人更累了。

有了洗碗機，老公、小孩不用洗碗，體會不到別人做家事的辛苦

據說日本的性感女神藤原紀香在未成名之前，接不到演藝工作，都是靠著做家事來維持自己努力向上的動力。做家事會讓人有最簡單而確定的成就感。若不給小孩家事做，讓他整天念書，那只能得到一個虛的分數，沒有實質的產出，人就不會有成就感和自信。吃完飯老公不負責洗碗，那就永遠不能體會老婆做家事的辛苦，也不懂得珍惜，沒事就叫別人切水果、泡奶茶給他喝，總覺得是應該的。

總結

家庭主婦不需要洗碗機，因為每天洗全家人用的碗，對一個不用上班、在家閒閒沒事做的家庭主婦來說，只是舉手之勞。洗碗時沒有主管監督你，也不會消耗熱量，是一件很輕鬆的事情。

現在的女人已經有了洗衣機，就應該要滿足，再給她一台洗碗機，會讓她太閒，不用家事填滿女人的生活，她就有機會惹麻煩。

親戚來訪的時候，洗碗可以用來逃避社交；但某些朋友來的時候，洗碗又是有助社交的好方法，可見洗碗是一項珍貴的、具有多種功能的文化傳統，因此我們必須要保護「洗碗」這項工作，要一代一代傳承，不能讓它消失。

在教育上，叫小孩和老公洗碗，還有助於提高他們的EQ和抗壓性，因此一個家庭不該擁有洗碗機。

不要買掃地機器人的理由

聽說台灣有個傳奇部落格，以團購爲主要業務，經由它手中已經賣出了六萬多台的掃地機器人。

掃地機器人的問世，據說是來自美國史丹佛大學學生的創意，這東西在美國頗受歡迎，很適合美國人動輒一、兩百坪、人狗共居的住宅使用。第一眼看到掃地機器人的時候，感覺它頗有智慧，老公和我都先後動過邪念，後來在鄰居跟親戚家各看到一台，主人說「就放給它跑，家裡的狗毛、灰塵都能掃乾淨」。每天回家等著他們的，是乾淨到會讓人滑倒的地板，主人們講起掃地機器人，一臉得意。不料半年後再去拜訪，發現兩家的掃地機器人都被掃地出門，問了女主人之後，她含糊帶過，只說把這項高科技產品拿回娘家，借給七十歲的老母用了。不久之後，我和老公也自動忘了這事。冷靜過後，終於列出「不要買掃地機器人的理由」，從此之後對它完全死了心。

爲什麼不要買掃地機器人呢？因爲：

還是起來掃地、動動你的屁股吧！難道你要一直坐在電腦前嗎？

我是一個上網重症者，吃喝拉撒都在電腦前面解決，連大便時也要抱著電腦。當沒有充分理由，比方說失火、地震、核爆，我是不會想放下手邊的工作，離開電腦。雖然你知道你的腰已經痛了，眼睛瘀了，手肘緊了，鬧鐘響了，膀胱快炸了，但你就是不願意離開電腦。

但家裡的髒亂，正像一個鬧鐘，它會隨著時間過去而自然變髒，我看得到，我逃不了，於是不得不離開電腦去整理它，而且掃地一次可以花二十分鐘，這二十分鐘，我很珍惜。我的脊椎、眼睛和屁股，一天可能就只有這二十分鐘能離開椅子跟電腦，還同時運動到手臂、腳和腰。**我一天的生活，有比這更有氧的時刻嗎？**

科技日新月異，各種神奇的掃把、拖把一直被研發出來

照道理說，人的生活是要隨著科技進步的。所以，現在有了掃地機器人，拖把和掃把等傳統掃具應該會漸漸被淘汰。但是，奇怪？爲什麼好幾年過去了，市面上的掃地機器人仍然只有一、兩種，但掃把和拖把卻又被人發明了無數種？這是因爲掃地機器人被創造出來，必須「改變人的習慣」，使人完全拋棄傳統掃把，從此改用掃地機器人，這是很困難的事情。傳統掃具在人類的生活裡已經存在了數百年，由於人類的固執，它永遠還是最多人使用的。

和掃把、拖把同樣的東西大家都會做，又沒有專利，市場上才是萬家爭鳴啊！廠商一定要致力於差異化，才能在競爭激烈的市場裡削到錢。所以各家廠商都在努力研發新的產品：如好神拖都出了二代了，一代比一代猛，現在你不用彎腰擠拖把，穿著套裝、高跟鞋，也能輕鬆優雅的拖完地。3M魔把還是高科技的材料科學呢，現在地板清潔很有效率了，未來還會有航太科技應用到掃把和拖把上，用傳統掃具來清潔地板，只會更輕鬆愉快，和你使用掃地機器人的感覺差不了多少。

你家一定很小，根本沒什麼好掃

就算你經濟能力還不錯，在台灣買得起六十坪的房子，公設比28％，等於你實際擁有的空間只有四十坪，扣掉陽台、雨遮、廁所、洗衣機、床、冰箱、沙發、櫃子下面掃地機器人到不了的地方，它實際遊走的範圍大概只有二十坪吧，和我家差不多。二十坪用掃的，我花十分鐘就能掃完。二嬸婆過年時送了我一隻稻草掃把，重量輕、無靜電，掃爛了，就趁拜拜時丟進金紙桶裡。一支平均可用兩年，配合仿 Dyson 的手持吸塵器當畚箕，讓我掃地時絕不失敗，成就感很高。

自己常常掃地，萬一錢、結婚戒指掉了，你才找得到

掃地最爽快的事情，就是偶而會發現一些失蹤很久的東西，如五十元硬幣或結婚戒指。若想要訓練孩子做家事，以後小孩長大了，就不時在家裡丟一些十元、五十元硬幣，叫他去掃地，跟他說：「在家裡掃地若有撿到錢，都是你的。」這樣一定會讓孩子愛上掃地。

掃地機器人出動前，還要把雜物收拾乾淨，無法一氣呵成，爽度下降

這個機器人號稱史丹佛或ＭＩＴ的人工智慧產物，但它不會收東西，只會吸地板，也就是只能提供半套的地板清潔服務。

打掃房子，最困難的是收納東西。收東西要有優秀的記憶力和歸納能力，必須很快判斷出應該把東西歸位到哪裡，下次要用的時候，還要記得住你放在哪裡，才找得到。

掃地相對而言簡單許多，自己做起來不用大腦，也消耗不了體力，做完之後沒什麼成就感，但下次做也不會太抗拒。花個一萬元找機器人幫你解決掃地問題，最後整體而言其實不會特別爽。這就像你去護膚店，花了一萬元，本來以爲她會幫你全身去角質和做兩小時的精油按摩，做完全身舒暢。結果小姐只幫你剪個腳趾甲，挖個耳朵。她**只能幫你解決那些本來就不構成問題的問題**，這樣有意義嗎？

有噪音，對整天居家的寵物不人道

掃地機器人就像警察一樣，每天巡邏你家地板，你看它呆頭呆腦，但又認眞

掃地的樣子，其實我覺得它還滿可愛的。但它動作比較慢，有時還會迷航，人掃地有目標，一下就掃好了，它卻要一直來來回回，因爲可能不知道地到底掃乾淨了沒。它發出低頻噪音的時間很長，因此掃地的時候，人類最好是不要在家裡和它強碰。

家裡有養貓狗的，白天寵物自己在家，也最好觀察一下寵物的反應，不要侵害了他們享受安靜的權益。

家裡地板總是要那麼清潔幹嘛？

家，不是飯店，家就是家。在飯店裡，你剛弄亂馬上就有人幫你收拾好；在家裡，你剛收拾好馬上就有人幫你弄亂。

金窩銀窩，不如自己狗窩最好，**狗窩就是有你自己的 style，有你自己的味道，髒亂程度是令你舒適的**。一個家本來就會髒，髒到一個程度再去處理就好。讓你的機器人整天在家裡跑來跑去，爲的只是讓你回家腳踏地板，沒有沙沙的感覺，爲了這種微不足道的感受，你竟然要浪費電、製造電子垃圾，消耗能源？拜託你做個環保，行行好吧！

總結

掃地機器人是一個很優秀的居家清潔產品，但不需要買，因為掃地可能是你一天中最珍貴的有氧運動。

掃把和拖把因為使用者眾，製造者多，所以它進步的速度一定會比掃地機器人快。

住台灣，你家一定很小，扣掉床底下、流理台下、櫃子下等掃地機器人到不了的地方，根本沒什麼好掃的，不要三八了。美國人的房子看過沒有？一戶起碼一百坪才叫「住宅」，公設比0%，掃地機器人這東西是美國人發明給美國人用的。

自己沒事要常常掃地，東西掉了才找得到。掃地機器人又不會收納東西歸位，還會發出低頻噪音，對你家的貓狗和兔子都是公害。

掃地機器人有故障的風險，只能給你帶來很小的利益（如地板不會沙沙的）。但不要再欺騙自己了，你只是覺得掃地機器人有趣、很潮才會買它，地板踩起來沙沙的，對你根本不會有什麼傷害。不然你娘家、婆家、爺奶家的地板髒到踩起來不爽，紗窗還破了個大洞，電燈泡也壞了沒人換，你幾個月也才回去探望老人家一次，還不是裝做沒看到呀？

（老公也有話說）

一定要買洗碗機和掃地機器人的理由

老婆吵著要買洗碗機，其實都是爲了我、爲了這個家好。因爲家裡有了洗碗機之後，我就不用洗碗了，孩子們也不會爲了今天應該由誰洗碗而吵架。洗碗機買回家後，每天都開機，光是啓動它，每天回本，就讓人覺得欣慰。很多男人看不透這個道理：**洗碗機雖是買給老婆，但老公自己才是最大的受益者。**它表面上是買給老婆的禮物，但事實上爽到的是男人自己，反而如鑽戒、iPad、手機或LV、COACH等禮物，我們做老公的除了刷卡買單之外，自己可是完全無法享用到哦！各位男性同胞們，洗碗機這種好禮物，哪裡找？

我會對洗碗機產生興趣，是由於在美國流浪時，不論房租是貴或便宜，幾乎每間出租公寓都有洗碗機。看起來洗碗機是該國人生活的標準配備，但長期以來，有很多台灣同鄉不斷對我洗腦：

「洗碗機很浪費水跟電哦！」

「才幾個碗，隨手洗一下就洗好了。」

「美國人真的很懶惰！」

直到有天生活起了變化，小孩出生後，一家人變得很忙碌，連煮飯都沒時間，這時不得已試用了美國人的洗碗機，我才發現碗並不是一定要人去洗。再看帳單，我發現每個月水電費還比較低，看起來洗碗機省水省電的傳言是真的。林北過去幾十年辛辛苦苦幫我媽、幫我老婆洗碗，真的是莊肖維。

發現這個天大的祕密之後，我開始對台灣的親友們宣揚洗碗機的好處，但很驚訝的是「碗就是應該用手洗」這種傳統文化早已深植我國人心。家裡廚房有不幸裝了洗碗機的，通常都是拿來放用手洗好的碗，充當一個超大又超貴、高科技的名牌碗櫃。

洗碗機這個東西，和掃地機器人有異曲同工之妙。平平都是把煩人的例行家事工業化，用機器來代勞，又具有史丹佛或MIT的優異血統，我是非常想買一台來送我老婆，但卻被她嚴詞拒絕了。

老婆是資深家庭主婦，對於家事自有一套理論。她說：「家事有很多，有些是令人想一做再做的，比方說掃地、拖地、洗馬桶；但有些卻是你一經過，就想捏著鼻子走開的，比方說洗碗。」

掃拖一次地，通常兩、三天才會變髒，而且現在掃把、拖把變化之多樣，設計者智慧之高，造價便宜，即使裡面沒有人工智慧晶片，用起來也得心應手，掃地拖地時感覺不到絲毫痛苦。每次好神拖出動，十分鐘內地板就拖乾淨了，你也許消耗了一點熱量，但感覺不到累。當你有一樣好工具在手，做起那件事情時，會感覺很驕傲！但用手洗碗不同，幾百年來，手洗碗的工具永遠是菜瓜布和洗碗精，手洗碗的技術與工具，百年以來毫無進步，而且每天都要洗三次，當你洗完了早餐，中餐時間馬上就到了，接著晚餐還再要洗一次。你總是感覺自己整天都在洗碗，永遠沒有結束或休息的一天。

但回過頭來想，她對掃地機器人的懷疑，不就像其他人對洗碗機的抗拒一樣嗎？她深信地就是該人掃，掃地不會累，隨手掃一下就掃完了，這就像主婦朋友堅持碗就是該用手洗，才幾個碗隨手洗一下好了，是一樣的嘛！

一定要逛outlet的理由

outlet這幾年在台灣的名氣漸漸變大了，越來越多台灣人知道美國有個地方叫outlet，它專門賣打折的名牌商品。大家也發現了，原來在台灣百貨公司專櫃，象徵潮、辣、凱的國外名牌，如guess、POLO、TOMMY、CK，在美國的outlet，時常只要用台灣售價的一半就能買到。

本來買打折名牌，大家都是偷偷的去買，錢花得少，但名牌入手，穿在身上，明眼人心裡都有數，但也不一定知道你是去outlet買的，心裡暗暗覺得你這人有品味，而且錢賺得不少，眞是面子裡子都有。但如果讓別人也知道了outlet有這種好康，以後大家都很聰明去那裡買，那你再穿著outlet買的名牌貨就不稀奇了，因爲大家都有。

其實這都是因爲一些愛買扣曲（COACH）包的女人，洩漏了outlet有好康的風聲。這也難怪，繼大家都有LV之後，LV再也無法顯示一個女人的高貴了。

但大家的生活不能沒有精品，總是要另尋一個名牌包來慰藉心靈。

名牌包要擄獲台灣女性的心，是有條件的，那就是：「你必須一眼就看出來它是精品包，而且不能太貴，就像LV的Speedy和Canvas一樣。」美國outlet出產的扣曲包，價格不貴，又是精品品牌。最重要的是，在outlet買的扣曲包，不是仿冒品，是貨眞價實的扣曲包！其實你要買仿的扣曲包也不容易，因爲outlet眞品也才賣你新台幣五千元一個，做仿扣曲包勢必利潤不高，而且如果花五千元就可以買一個眞品，試問誰還要買假貨啊？所以，難怪太多女人聽到outlet會尖叫，而且心癢難耐，到處問同事、朋友和親戚：

「最近你有要去美國出差嗎？」

「聽說你哥住在美國，那他最近有要回來嗎？能幫我帶一個扣曲包嗎？」

最後，公車上、捷運裡，終於每個女人都有扣曲包了，但那不影響大夥對它的興趣，反正它千眞萬確就是個名牌包。

某次我在從美國飛回台灣的班機上，看到幾乎每個亞洲女人都背著扣曲包。我不訝異爲什麼這麼巧，大家的品味差不多，都挑一樣的，因爲我知道 outlet 的款式剛好就那幾種；我好奇的是她們皮箱裡究竟還塞了幾個？到美國出差、留學、探親，只要回台灣，到 outlet 買幾個扣曲包送女友婆媽，必不失禮。

雖然是扣曲包讓美國 outlet 在台灣爆紅了，但其實 outlet 的格局比我們想像中的更大！它不是只有扣曲包。還有更多更多的名牌商店群聚在 outlet，出國洽公、探親、旅行，怎麼可以不去逛 outlet？請看一定要逛 outlet 的理由：

逛 outlet 是個很好的有氧運動

一座 outlet 通常很大，最少有二十家店，從穿的、用的到吃的都有，每間都可能有你想要的名牌貨。出國洽公時，趁週末走一趟 outlet，買幾件 CK 的內褲和 POLO 衫，幫小孩多買幾件童裝，幫老婆買個扣曲包，再買爸媽和他們的朋友買十幾罐維他命，**最爽的是，你和這些戰利品的機票錢全都是公司付！**平日被公司拗走的加班費，不趁這個時候多要回點老本，更待何時？

從飯店去 outlet，少說也得開三十分鐘的車。到了之後，怎麼能不每一間都去逛逛呢？在美國，假日時，咱亞洲觀光團是一車車被傾倒進 outlet 的，不夠大的 outlet，裝不下這麼多人，我們亞洲團還不來呢！有些熱門點的店，如 COACH，是要排隊入場的，進場試穿衣服，穿了又脫，挑衣服，排隊結帳，買完了這家，和同行的朋友會面交換一下心得，別忘了先走回中央停車場的車子裡放好這趟買好的戰利品，不然會影響去下一站購物的效率……這每一件事情都要消耗熱量的，而且這種模式，會重複一整天。

雖然熱量消耗得兇，但不要擔心吃的問題，在 outlet 裡，你不會因爲吃而怠惰。outlet 裡雖然有食物，但往往不可口，餐廳也是簡單的幾個速食小攤位，座位也很難坐，你不會想坐在裡面超過三十分鐘。

空氣很新鮮，戶外椅子很多，店員也很善體人意

同樣是人很多，店很多，商品很多，但是 outlet 裡每一間店都是獨立的，而且乾淨又寬敞。中央通常是露天停車場，一定有戶外的走廊。**如果你是陪老婆、朋友、客戶或爸媽買東西，感覺自己快崩潰、需要靜一靜的時候，outlet 商店外面隨時**

有很多和你處境相似的人。在寒冬裡，大家坐在走廊上客個燒、取個暖，互相對望一眼，給個微笑，那感覺就沒那麼慘了。

再說到服務態度，**outlet 裡的店員早已閱人無數，在這裡你不用壓抑自己，可以盡情顯露你貪婪的真面目**。當你看到下殺至一折的名牌商品，不用隱藏你的雀躍，就算結賬時全是紅標，也不用不好意思。而且 outlet 店員從招呼語、推銷話術到臉上的笑容，聽得出都是經過公司標準化的，所以你可以把他們講出來的話，一律當成機器人所發出的電腦語音。當你聽完之後不理、不買，臉上沒有任何表情，也不會覺得對店員不好意思。

同樣是購物，百貨公司可是所有人都擠在室內狹小的空間哦！等你一走出精品專櫃，眼前又是一片悲慘世界，隔壁可能有小吃街，放眼所及，不是庶民就是穿 N×T 的上班族，一下手扶梯，媽啊！搞不好還看到佐×奴的招牌，魷魚羹的味道還會飄過來。選購名牌的人，怎能受到如此平庸的待遇？所以在百貨公司買精品，感覺總是很不爽。而且百貨公司櫃姊有血有肉，有胸有腿的也不少，又喜洋洋地來迎接顧客上門，聽她們睜眼說了幾句瞎話，有些把持不住的，搞不好就中計了，一不小心買下去，清醒了想反悔，你才知道錢已經給人家收去了，那就是他最大，你若是想退貨，那就永遠是你錯。

outlet 到處都有

outlet 全美國都有，不管你今天出差去哪一州，不管是再偏僻的小鎮，你永遠能找到一間最近的 outlet。爲了這趟名牌之旅，開一、兩個小時的車，你也會覺得近，人家美國大嘛！而且你去的這間一定會有我們最喜歡的 TOMMY、POLO、CK，聰明的人到這幾家店，都只是買幾件內衣褲，那種別人看不到的東西來穿，頂多再露個有字母的內褲頭給別人看看就好。因爲識貨的人都知道，這幾個品牌在百貨公司的當季專櫃，每次都只有看到幾件而已，但它的過季品卻多到可以供應全美國的 outlet 了，可見他的當季品都賣不掉啊！

outlet 一年四季都在打折

去 outlet 並不代表我這個人買不起當季原價的商品。純粹是因爲**買打折貨，是購物過程中的小驚喜、小確幸**。就算你先把原價提高個百分之二十，再打我八折，我還是會覺得自己賺到了，很快樂。

不去 outlet 會辜負親戚朋友對你的期待

「上次二嫂從美國帶回來的保養品快用完了，你要去美國出差眞是太好了，再幫我帶個十罐回來吧！這些應該夠我用兩年。」

「上次你幫表妹買的扣曲包，她還想再要一個，她未來的婆婆也想要一個，outlet 離你那裡應該不遠吧？開車一小時可到，在美國都算近的，我寄照片給你，幫我找這個包包好嗎？」

「這個健康食品，雖然台灣也有賣，但大家都說台灣的代理商賺很大，在美國買便宜很多耶！你可以幫我帶十罐回來嗎？我再給你錢。」

親戚朋友總喜歡叫你帶東西，指定要買什麼，再請你去找，還叫你先付錢，東西買回來之後你要拆箱、要打包，占去你行李箱昂貴的空間，如果代買的是高級精品或 iPad，你還要怕機場有內鬼，偷走他們的寶貝呢！到時候你消耗了時間精神和大把鈔票，帶回的卻只是一張收據，我看你就別拿出來向親友們回收貨款，別難爲人家了，以後大家還要見面呢！親戚們開口要求你代購的時候，聽起來眞的是沒什麼，只是小事嘛！反正你一年才幫他們做個幾次而已，花不了你多少時間和精神，買個貴重物品帶回去而已，也沒什麼風險。

買的常是次等品，錢也花得少，卻能得到極大的滿足

美國 outlet 賣的東西，凡是招牌有 Factory Store，裡面賣的有可能是廠商專門出給 outlet 賣的商品，也許是因爲廠商知道，喜歡去 outlet 買名牌的人，對名牌的了解，只限於能辨識 CK、POLO、TOMMY 等英文字母，他們沒辦法分辨出品質和設計上的細微差異。在 outlet 裡，你看到的商品，雖然印的還是 CK，但設計和正品店還是有差的。事實上，**在 outlet 賣的商品，很多從來都沒待過正品店**，但你只要看到 CK 兩字，心中還是會得到絕對的滿足。仔細看一下這家賣的 POLO 衫，和隔壁那家賣的 POLO 衫看起來都一樣啊！只是胸前的英文字母變了。

所以去 outlet 路途遙遠，錢花的只少一點，你買到的東西也不會特別好，但是卻能得到極大的滿足，這種快樂乃是無價！事實上你只要去 TOMMY、POLO、CK 就值回票價。這三個品牌，平常百貨公司擺出來雖然我是買不起，但在台灣大家都知道它們很貴。

總結

凡去美國洽公、留學、探親，一定要順便去 outlet 逛逛，看看人家大品牌是怎麼傾銷次級品還能成就雙贏，廠商賺錢，顧客滿意，真是天下太平。

去 outlet 同時是個很好的有氧運動，購物時你還能呼吸新鮮空氣，而且在美國到處都有，只要你有心，想去一定找得到。

outlet 永遠都在打折，你有機會用小錢買到次等貨，卻能感受到極大的滿足，同時嘉惠你的親朋好友。

（老公也有話說）一定要逛 outlet 的理由

老婆曾經有段時光瘋狂迷上觀光各地的 outlet，不管車開到哪一州，她都想去參觀、比較一番，看看哪州的稅低，哪家 outlet 的名店比較多，品牌比較罕見，或是哪間 outlet 附近還有風景區或好餐廳，能順便去走走吃吃。

她那段迷上逛各地 outlet 的日子，讓我們全家體驗了人生的歡樂與沮喪。還記得每次一到 outlet，車停好，站在停車場中央，原地轉一圈三百六十度，整座 outlet 裡供應的名牌一目瞭然。我承認，我也和她一起放縱過，當一個賤民如我，猛然看到這麼多名牌 logo 群聚在一起，當下很容易失心瘋。宛如花木蘭要展開新人生一般，東市買 CK，西市買 TOMMY，南市買 POLO，北市買 COACH。但當你全買回家後，猛然清醒了想退貨，才發現原來自己是開了兩、三個小時的車才到那家 outlet 啊！開回原地的成本眞的太高，於是只能認命全收下了。

最初讓我們看見 outlet 之美的，是一些留學生。當她們剛踏上美國那塊完全陌生的環境，語言不熟，生活、課業都還沒安頓好，但第一件事情就是問同鄉 outlet 怎麼去。因爲 outlet 都在偏遠之處，還必須拜託剛認識幾天的人（通常是好人），開一、兩小時的車，帶她們去 outlet，只爲了買扣曲包。漸漸地，陸續看到不少人出國，總是被要求去 outlet 買東西，尤其是扣曲包，還有自己也被拜託了幾次當代購，還是扣曲包。

我是完全支持老婆買扣曲包的。買扣曲包並不能代表她崇尚名牌，或是講難聽點，愛慕虛榮。包包是女性常備必需品，當你有五千元時，與其去舶來品店或百貨公司 B1 買一個沒品牌、也不知品質怎樣、不知能用多久的皮包，還不如去買一個大家都聽過的品牌，品質還有保障的名牌包。從大家都在用這個現象看來，老婆瘋扣曲包絕對不是爲了彰顯她個人本身的特殊性、氣質、品味或財力，她要的是一種安全感，因爲每個女人都在用，和別人用一樣的，自然她就安全了，而且**就算這包是雷，也不會只雷到她一個**。

根據目測，扣曲包近幾年來在台北公車或捷運上的能見度，已經漸漸超越

LV了。而且扣曲包的好處，是大家揹的款式都大同小異，而且你可以相信90％都是眞品，因爲就精品而言它並不貴，你若是還買假貨，也就顯得多此一舉。要買扣曲包，財力不是問題，但大家唯一要解決的問題，是必須找到有人願意幫你從美國outlet把扣曲包運回去。

以前不知幫朋友代購海外商品是不能承受之輕，因爲這是一件看起來很簡單的事，但自己眞正做起來才覺得辛苦。你先是得專程跑一趟，但不一定能找到對方要的東西，排隊入場、排隊付帳，拖運行李的路上，你還要承擔未知的風險。慢慢地，我終於理解多年前長輩講的話：即使看起來很容易，但不要叫朋友幫你在國外買東西帶回來，這是一種個人的風骨。

outlet無疑是個偉大的發明，各種形象高貴的精品勉為其難的在一個賤民可負擔的通路裡低調的販售著，為我開啓了一扇天窗，讓我直達時尚的天堂。逛outlet，我不用擔心售貨員的心裡怎麼想，印著名牌logo的行頭全是平民價，多到你永遠逛不完。名牌衣、名牌包買回家後，穿戴在身上，千眞萬確的，它們就是名牌，我感覺自己馬上變成outlet版的高富帥。

如果這都不算天堂，那什麼才是天堂？

一定要買ＬＶ的理由

親戚去法國旅遊，會問大家要不要代購ＬＶ；朋友去上海出差，也會問要不要順便帶幾個ＬＶ回來；去五星級飯店吃喜酒，同桌總能看到一、兩個ＬＶ；去夜市買衣服，顧攤的妹仔也用ＬＶ；擠上公車捷運，四面八方的ＯＬ們也用ＬＶ包圍我。不知不覺中，ＬＶ已經成爲台灣人的精神象徵，從五星級飯店、夜市到公車捷運上，都看得到別人揹ＬＶ，全民用ＬＶ早已是個趨勢。所以我要把「一定要買ＬＶ的理由」整理出來，教育我們的下一代傳承這種精神。

ＬＶ不貴，人人都買得起。

ＬＶ的故鄉法國的人均所得排行全世界第三。ＬＶ的皮件，傳統上又是賣給法國的上流社會，所以LV的客層簡直是上流中的上流。但一個LV Speedy 25最便宜的才美金七百元，折合台幣兩萬一千元。現在台灣新鮮人的月薪即使不堪，退步到十五年前的水準，但也有22K，你還是買得起。

二〇一一年的LV財報顯示，法國本地一整年所購買的LV皮件，只占總營收的8％（我想其中應該還包括亞洲觀光團去法國產地直購的？）；皮件部門中46％的營收，正是來自我們亞洲市場啊。

大家都知道歐洲人有錢，但我們亞洲人，才是LV的最大買主。這個現象，讓我想起某研究：報載黑人在美國社經地位平均而言較白人低，但黑人家庭平均而言，卻比白人家庭多花30％的錢在珠寶、名車或衣服等，目的可能是希望路人看到他穿的衣服、開的車，會覺得他們是凱子。從LV在亞洲而非歐洲大發利市的現象來看，我們可以提出一個合理的假設：中國人有句俗話說：「錢要花在刀口上。」我們亞洲人正是因爲錢賺得比人家少，所以有限的金錢當然要花在大家都看得到的東西上，才有意義啊！

名牌衣不是每個人都能穿，但每個人都可以拿名牌包。

如果你不是衣架子，那名牌衣服可不能亂穿，否則別人會嫉妒你，缺德的還拿你的身材氣質跟時裝模特兒比，酸你浪費了名牌衣。最後你花了大錢，還落人笑柄，眞是面子裡子都沒了。但名牌包揹在肩膀上，用手腕提，有人能說你手腕長得醜，肩膀生得難看嗎？

衣服的功能本是遮羞蔽寒，但經過數千年的演變，人類衣服也演化出性功能。平平是襯衫，國民牌賣三百九，潮牌賣三千。正因爲名牌衣服比較貴，功能上自然要和路邊攤差異化。它必須讓你相信，你買了這件衣服之後，它將會帶來比錢更可貴的東西，你才會買。對男人而言，是性；對女人而言，是削凱子。

性，不論文明的程度如何，永遠都是人類行動的動機。所以現在從光華商場周邊的檸檬紅茶、手機、電腦到汽車，全部都要叫「正妹奶模」來刺激買氣。男人穿上了潮T，視覺上可以讓你的胸肌漲成兩倍大，吸引異性的注意，就能提高你把到妹上床的機會；同理，名牌服飾對女人也是重要投資，穿上後讓胸更大、腿加長，看起來有強化性徵之功效，報酬就是凱子自動送上門給你削。所以時常看到名牌服飾的廣告，模特兒最基本的禮貌，就是露出乳溝和大腿和身體曲線，她們正是不斷在傳達性暗示。讓你感覺到：「穿上我們的衣服，讓異性注意你，同性嫉妒你，會有更多凱子送上門，到時你就發了……」

我想，時尚業其實和A片業吸引顧客的原理是相似的，都是靠著引起人的性衝動來達到銷售的目的。但作爲時尚業的顧客你要特別小心，不要拿錢自取其辱，如果沒模特兒般的身材，就算穿上了香×兒，也不符合時尚界所規定的「美」的標準，大家還是要酸你啊！

可惜，人永遠都是懶惰的，所以能維持身材的人，永遠是有錢、有閒外加有意志力的少數。身材不好的人，買再貴的衣服，穿起來都搞得大家性冷感，所以稍微有點自知之明的女人，都不會胡亂投資名牌衣服。但包包就不同，要揹名牌包，不受身材限制，每個人不論身材怎樣都能拿。

名字好記又親民

台灣俗稱的LV，其實原文叫作「路易．威登」。如果想用法文發音，可以用「路易．米湯」來幫助記憶。像我老公非常不時尚又不懂法文，都直接念「路易斯．媽桶」，多親民啊！

如果女明星用起來很好看，那你用起來肯定更好看。

女明星說自己每天只睡一小時，剩下的二十三小時用在化妝、健身、作SPA、拍照、工作、跑趴、整容。女明星的工作就是讓自己看起來「很美麗」，那她們一天已經花十幾小時在打扮自己了，但淒涼的是，她們卸了卻還比你難看。所以，如果女明星揹著名牌包很好看，你拿著名牌包的模樣，應該是天仙下凡。

名牌包不會退流行。

從LV的財報看來，LV公司花在「原料」和「行銷」的成本幾乎是一樣多的。也就是說，你買一個兩萬一千元的Speedy25包，其中只有七千一百多元是原料成本，其中的七千四百多元是行銷廣告的費用。這公司在二〇一一年總共花了八十三點六億歐元（大約三千多億新台幣）在全世界廣告行銷，請時尚名模、影視紅星來代言，在百貨公司展店的租金，店內裝潢極盡奢華之能事。管他的，反正他有三千億可以花，這一切爲的就是要維持那所謂的「流行」啊！

台灣的大學經費五年五百億，這數字還不及LV一年行銷費用的六分之一，所以台灣的教育當然搞不好啊！

只是這些天價的行銷費用，在鄉下人身上卻起不了作用。如果和你來往的都是鄉下人，他們根本沒看過LV請來的模特兒，辨別不出她的檔次有多高；也沒有看過LV的店面長什麼樣子，不知道它的裝潢比汽車旅館還高貴，那這些鄉下人身上沒有演化出時尚的受器，看到你的LV包時，無法接收它所帶來的刺激，他們的腦海中無法因此聯想到一幅高貴的畫面。所以，LV的品牌效果，在這些鄉下人面前就作用不起來了，鄉下人只會覺得那是個「咖啡色的皮包」。

但是，**那仍然無損於你是個有品味、有經濟自主能力的高貴女性的事實**。

LV可以轉賣二手，不想用還能用二手價賣出。

選好最適合你的LV包後，帶著它出門，它將能完全符合現代女性的生活需求。如上班、趕捷運、擠公車、在路邊吃魷魚羹的同時，別忘記要將它擺在吉位，千萬別刮傷。在家裡，則要記得藏在安全的地方，小心別讓小孩用奇異筆在上面畫畫，這樣幾年後還能拿去當二手貨賣不少錢。

人家越是不想賣給你，你越是要買。

這年頭顧客花錢買東西，還要被廠商羞辱是常態。當你買完東西，沒多久東西壞了，找客服理論時就會理解我的意思。根據美國《*Customer Thinks*》雜誌的調查分析，38％的顧客認爲在LV店中，感覺銷售員的服務態度不好。我想，銷售員的冷漠態度，暗示著「他們並不希望你來買」。的確，分析LV的定價策略看來，他賣得貴、不降價、不打折、沒有outlet，可能就是不希望「中下階層」當他的顧客，他只想賣給有錢人。這種情況之下，你若是不買，不就中了他的計嗎？

LV包什麼都能配，配牛仔褲或晚裝都很好看。

我講的是經典款，深咖啡色的，上面有著像撲克牌花色或是小孩子玩具常見的方塊符號，幾十年不用想新花樣改變。因爲有貨眞價實的L和V兩個字母，提著它，就算你穿著五分埔買的衣服擠公車，也會讓你看起來非常優雅。

工作這麼辛苦，當然要用LV包產生的貴婦形象犒賞自己

當貴婦是所有女人的夢想。工作這麼辛苦，不時要用高雅形象激勵自己，努力追求更好的生活，這樣人才撐得下去啊！買幾個名牌包，不會讓你失去純真本性，你仍然是你，不是貴婦。理論上，名牌包無法昇華內涵，不會改變你的價值觀，更不會提高生活品質，除非你揹了名牌包之後，真的因此釣到了一個凱子削，這才有可能。但這種事情，大概就像櫃姊在電玩店邂逅大老闆然後嫁入豪門的童話般，發生的機率大約是萬分之一左右。

最後，引用某位本格讀者的留言，我必須要說，LV包是一個相當優良的包，畢竟在這個薪水凍漲、房價奇高、自己的股票狂跌、物價齊升的時代，LV的出現，提供了不少心靈的慰藉。有如此好的產品，真是我們消費者最大的福份啊！

要不要
這樣工作的理由

Part 2

尾牙不要叫員工表演的理由

每到年底，也代表尾牙季節即將來臨。你曾經參加尾牙表演嗎？是不是必須在尾牙時表演給公司同事、主管和老闆看？每年這個時候，你犧牲自己的下班時間和心力，努力練舞，想上台娛樂大家，全台灣的上班族都這麼做，所以你上台表演，乃是眾望所歸，理所當然。

帶給別人歡樂是偉大的情操，老萊子彩衣娛親還是千古佳話呢！爸媽生我養我，我們讓他們快樂、逗他們開心是應該的，**但尾牙是老闆為了犒賞員工一年的辛勞所辦的，為什麼在那一天，平常就用責任制壓榨我的老闆，不娛樂我、讓我高興一下，我卻還要犧牲色相逗他笑呢？**

尾牙的目的，是老闆犒賞員工，不是員工逗老闆開心

尾牙是台灣的民間習俗，早些年民風淳樸，做頭家的爲了感謝員工一年在公司賣命的辛勞，所以在年終請員工吃一頓飯，順便連絡一下公司內部的感情，一年就這麼一次。當時尾牙的意義是大家吃東西，搏感情就好，也不是非要看表演不可。就算有表演，尾牙的意義是老闆做東，員工是客，表演應該是由東道主負責，豈有讓客人上台表演的理由？但不知從何時開始，台灣公司的尾牙普遍有了表演，而且是「員工」要負責上台表演。

上過台表演的人，就知道那很辛苦。就連受過專業訓練的小丑，逗別人開心時，也是滿腹辛酸在那邊跳，更何況是什麼都不會的上班族。更悲哀的是，所謂「台上十分鐘，台下十年功」，爲了在尾牙跳那十分鐘，之前可能要花一整個月的時間練習，占用自己所剩不多的下班時間。台灣尾牙的員工表演，基本上是台式責任制＋馬屁文化混合出來的畸形現象。而且因爲台灣社會的奴性堅強，這種不合理的事就散播得特別快。

有些女同事還很喜歡凹男同事扮女裝、扮人妖，而且是品質很粗糙的那種，

叫男同事穿奶罩、塞假奶、戴假髮，讓女同事抓啊，讓老闆摸啊！叫男胖子穿旗袍，以爲這樣大家會看得很high啊！你們曾想過他也是有自尊心的嗎？公司裡總是會有些年輕的單身女同事，應該是還在找對象吧！想說那天要利用這個機會，穿得辣一點，免費露乳溝、跳個肚皮舞、扭幾下屁股給大家看，看會不會有人注意到而來追求，那你就自己去跳嘛！不要把這種低級綜藝的標準套在所有人身上。

小時候，我爸帶我去參加公司的尾牙，一片酒池肉林，不過至少看大家都吃得很開心，歌舞團是公司請的！老闆率先唱歌，唱得難聽逗大家笑，小朋友上台唱歌娛樂大家，可以賺紅包。員工沒壓力，台下有吃飽有歡笑，這才叫犒賞員工吧！但不知道從什麼時候開始，台灣尾牙開始流行請員工輪流上台表演，成爲上班族一年中最痛苦的活動。平時已經很累了，但尾牙前更慘，加完班不能回家，還要排練。辦完一次尾牙，簡直搞得身心俱疲。

台灣勞工是「無限責任制」，包括尾牙表演也是你的責任

事實上，推究起源，尾牙之所以請員工表演，第一是公司想要省錢，不想花錢請演藝公司，反正公司是無限責任制，包括尾牙表演也可以硬拗成是員工應負

的責任範圍，所以逼本來專長就不是「表演」的公司員工，消耗個人的心力排練。**對外無法增加業績，對內只會凝聚員工幹譙的向心力**，增加公司自己的機會成本，大老闆跟客戶來了還看得很開心，以為這是你員工心甘情願的，所以就認為每年都該這樣辦！但他們不在乎、不知道或是不覺得員工為了練舞，至少也得花上一個月的時間準備。雖然請一個二、三流的樂團來唱歌一晚才幾萬塊，但就像你的加班費一樣，公司不省這種錢，那要省什麼呢？

尾牙請員工表演，對公司還有第二個好處，就是員工自己幫公司營造出一片歌舞昇平的假象，好像員工都過得很快樂，下班後都有時間學才藝，生活都很平衡，大家很有活力，給老闆自慰。事實上，你平常都在加班，不可能有閒工夫去學才藝，你那凍漲的薪水用來過日子都有問題，也不可能有閒錢交學費學才藝。

如果公司平常有支持員工下班後參加社團，或者提供補助，知道員工的身心健康是公司的資產之一，那尾牙時員工抱著回饋的心理上台表演給大家看也就算了，不過上班族通常都是被強迫的。拜託，年底要打考績了，員工心裡也會有「若我不表演，會不會被冠上不合群的標籤，讓主管印象不好，考績會不好？」稍微有品一點的公司，可能會提供一點點慰勞金，但大部分的公司都認為「那是你工作的一部分」「公司沒這筆預算」，這就是台式責任制啊！

扮人妖、露乳溝，並不會建立團隊精神

有些同仁已經產生「斯德哥爾摩症候群」，看到這裡可能又會跳出來說，這你就不懂了啊！讓同事們一起做一件業務之外的事，比方說唱歌跳舞，可以強化大家的團隊默契和合作精神，這樣是有助 team work 的，這會讓公司的業務進行得更有效率，這是國外行之有年、用來激勵員工的方法之一啊！嗯，國外的先進企業的確是有規畫這種事，比方說**利用上班時間，叫員工大家一起去做無關業務的事**，像是玩遊戲、去做義工啦，或者是公司出錢招待員工全組一起去玩生存遊戲、爬山健行，做些挑戰自我、增加自信心，或是有益社會的正面活動。國外是上班時間出去玩還領錢，請問誰不開心啊？大家當然心情好，工作效率自然高，這就達到了激勵的效果。

但台灣的尾牙表演是正好相反的，它是占用你的下班時間，再次逼著你用私人的時間，幫公司完成業務。而且真正能培養團隊默契的活動，都是叫大家去做義工、玩遊戲、登山健行等利人利己的好事。要鞏固團隊的默契，建立隊員的使命感，

前提就是成員要認同自己所做的事情，必須感覺有意義才行。但是叫男同事戴奶罩、扮人妖，鼓勵女同事露溝、露腿、賣風騷，這樣會有益於個人成長，有益社會才怪啊！都是損人利己，那潛在的、最終極的目的，也只是爲了幫公司省下演藝公司的錢，和「上班打卡制，下班責任制」一樣，都是硬拗、瞎掰出來的狗屁職場文化。

總結

大家要怎麼拒絕尾牙表演呢？我只能想到有如**「少林功夫．唱歌跳舞」**的原理，如果你表演得很爛，老闆同事們都看得很傷眼，以後就不敢再拗你在尾牙表演了。

尾牙一定要叫員工表演的理由
（老公來吐槽）

免責聲明：以下內容僅供參考，若企業主照做，造成員工大量離職，公司業績變差，作者概不負責。此外。以下各項理由，若任兩點有矛盾，請別在意，做老闆的要知道變通，請選擇自己要的那點牢記在心裡就好。

自從在部落格寫了上一篇〈尾牙不要叫員工表演的理由〉之後，我們反省了很久，因爲不少當老闆（資方）的網友在留言板中高分貝抗議，說我們勞工不了解經營者的辛苦與壓力，該文沒考慮到經營者的角度。爲了平衡雙方的觀點，以及兼顧三分鐘熱度一貫「寫給所有人看」的精神，讓我們特別爲各位老闆獻上這篇〈尾牙一定要叫員工表演的理由〉，讓各位老闆們在年終使喚員工表演前，能有個參考。

時代變了，尾牙變成員工感謝老闆過去一年發薪水恩情最好的時刻

時機歹歹，外面工作很難找，待業、啃老族多的是，而且在台灣聯考得7分就能當大學生，那自然出15Ｋ、22Ｋ也請得到員工，甚至有企業開出無薪的職缺，還能夠要求應徵者擁有一堆高超技能呢！這年頭當老闆的，似乎只要敢開口，什麼都有可能發生！所以，目前工作有領薪水的人要有自知之明，台灣現在是資方市場，你不做這份工作，老闆隨時能找到人取代你。在這種氛圍下，員工其實都帶著感恩的心，很珍惜自己的工作，了解老闆在過去一年勞心勞力地付大家的薪水，因此歲末年初自動自發在尾牙中表演，酬謝老闆過去一年經營管理的辛勞，是合情合理的現象，不用過度反感。

有辦尾牙就該偷笑了，尾牙表演是勞工的份內工作之一，而且大家樂在其中

很多公司根本早就不辦尾牙了，我們公司卻還逆風舉辦尾牙慶典，你們這些

員工應該偷笑了。雖然說這是台灣民間的傳統，一年也才吃這一次，但重點是「還是要花錢」！既然沒有名目從大家的薪水扣，那表演的部分總不能再麻煩老闆，或是叫他出錢請藝人了吧！

而且又不是只有你一個人在表演，全台灣的公司員工都一樣！還有專門在教尾牙表演的才藝教室，生意還挺好的呢！而且 Youtube 上有多少人把自己的尾牙表演放上來給全世界看，還覺得很驕傲、很光榮呢！如果大家都覺得尾牙表演很丟臉，那就不會這樣做了嘛！可見在台灣，尾牙表演本來就是勞工份內工作之一，社會觀感亦是如此。

若表演有特色，Youtube 廣為流傳，媒體會採訪，免費提升企業能見度

尾牙季來臨，很多員工都會自動自發的在 Youtube 上找靈感，結果發現總是某幾家公司的表演跑在搜尋結果的前面，無形中就間接形成了該公司的歡樂形象，這樣以後招募新人比較容易，有時甚至還會被電視媒體做成新聞報導。根據我的觀察，請男女員工穿泳裝跳舞或跳肚皮舞，點閱率最高，大合唱或模仿當年火紅藝人的，因爲太氾濫了，通常都搜尋不到。

員工是自願的

老闆們也許曾聽過有員工說他是被逼的，但這似乎不太可能，因為員工平常為了逃避上級交辦的任務，往往會裝病：頭痛、腳痛、生理痛……有的還說他咬合不正、下巴很痛之類的。所以如果是被逼的，肯定早就逃走了。而且尾牙表演，大家不都樂在其中嗎？如果這不是自願，什麼才叫做自願？

老闆從來沒打算要永續經營，賺飽了要移民，而且移民門檻越來越高，要多努力才行

有些員工還沒開悟，並沒有真心感受到經營者的辛勞，長期尾牙表演下來，在心中聚集很多負面能量，有害企業永續發展。**但其實這沒有關係，我們本來就不需要永續經營**，看看某些在台灣經營六十多年的優良上市企業，即使品牌已經深植人心好幾代，但要能真正賺大錢，還是得出奇招才行，原物料飆漲的時候，就把價格調高，但其實內部卻把標準降低，外購黑心油品，看，人家老闆現在帝寶都買好幾間了呢！

所以花錢花時間，苦哈哈的經營出一個品牌，又算什麼呢？當下削得到錢才重要！中小企業主們，請以自己先賺飽為前提，所謂「安全」「品質」「員工福利」「品牌價值」「信譽」等掛在嘴上就可以了，節省成本才是要放在心上。所以，尾牙能省就省，不需要花錢請綜藝團體表演，就算員工自願表演，給個獎狀就好，紅包可以省下來，眞的要包，五百元就好。

而且狡兔有三窟，賺的錢當然得放一部分在國外，能辦個身分，隨時撤退鬼島更好。但最近各國的移民門檻相繼大幅提高，以前只要新台幣七百萬就能辦的紐澳，聽說現在都要一億元了，老闆們得加緊努力，賺更多才行。

反正員工平常也不請假，尾牙表演可以讓員工探索興趣或技能

老闆除了巡視辦公室之外，平常就是坐在辦公桌前看報表，用數據來掌握全公司的動態。年終時老闆一定會發現，雖然勞基法有規定最基本的放假天數，但本公司的員工似乎都不太喜歡請特休假，連工作數年的小主管，一年也才請了三天特休假而已。

哦～那應該就是員工們都不喜歡放假吧？或是私人生活中沒什麼特別的興

趣。那我剛好可以藉著尾牙表演的機會讓他去探索自己的興趣，例如反串秀、短劇、吞劍、跳火圈，都是不錯的選擇，越敢挑戰自我的員工，將來成長性一定越高。不過記得口頭鼓勵就好，不能夠隨便加薪，這會減少自己移民的準備金。

員工也才表演幾分鐘而已，有比老闆創業還困難嗎？

說實在的，員工尾牙表演都抄來抄去，不就是男的扮人妖、穿奶罩，女的露大腿、事業線，看今年什麼藝人紅就模仿他，一點創意也沒有。憑良心講，他們都表演得很差，哪能跟專業的比？而且從頭到尾也才短短幾分鐘而已，應該也不需要多少時間排練！什麼？說排練辛苦，有比我創業辛苦嗎？我創業所吃的屎，肯定比你烙過的賽還多。所以員工尾牙上台表演，憑什麼領取額外的獎金或獎品？

訓練小主管凹小員工，可強化管理階層的領導統馭

有些員工，尤其是新人，叛逆心重、不夠圓融，會用各式各樣的理由來逃避尾牙表演，這是因爲他們沒有意識到：**尾牙表演其實也是一種業務，跟我們平日的業務同等重要**。這時剛好可以訓練小主管的領導統御能力，若領導得好，給他掌

聲鼓勵，若整個 team 三三兩兩，要做不做，那剛好有藉口把考績打差一些，明年少發一點獎金，一箭雙鵰。

總結

看了以上各點後，相信企業主們對於尾牙一定要叫員工表演一事，已胸有成竹，但有人可能不擅表達，導致員工仍不明白自己的用心，這時請多把「共體時艱」掛在嘴上，或是請幹部去放風聲，暗示明年一部分的人可能會被裁員、減薪、調職，這樣動員起來就容易多了，員工表演起來也會比較賣力。但別忘了，尾牙那天記得再放些「利多」好消息，讓員工死心塌地愛上自己，心甘情願加班到天明。三分鐘熱度預祝各位老闆今年都有美好的尾牙表演可以看。

希望今年考績不要打太差……
為什麼林北要做這種事……
表演得真差！
反正免錢嘛！

尾牙不要叫員工表演的理由 vs. 尾牙一定要叫員工表演的理由（番外篇）

現在做新聞沒以前那麼難，只要上PTT晃晃，搜尋一下Youtube，逛一下名人的微博，就能輕輕鬆鬆發稿，像是雙胞胎左左右右預測世足賽結果、歐陽妮妮又在外套撿到兩百元之類的。若還是沒題材，那就看看去年的這段時間發生什麼事件，今年再來追蹤報導就好。所以，每年年終前，我們總是被迫重溫媒體報導尾牙的消息：餐廳訂位情形？今年流行表演什麼？哪家公司員工表演最火辣？到哪裡租道具？哪裡的舞蹈教室開設尾牙表演專班？生意有多好哦！

尾牙請員工表演，在我看來是畸形的職場文化，但在媒體推波助瀾下，卻成爲一種員工定期彩衣娛親，表演給老闆看的餘興節目。大家只看過媒體報導表演的盛況，很少聽到媒體反問員工是否眞的想要參與，或只想休息一下，於是興起了想討論的念頭。

〈尾牙不要叫員工表演的理由〉這篇文章受歡迎的程度，出乎我們的意料之外，點閱次數突破25萬，臉書分享的次數也近7萬，而且每年尾牙季時，都固定會被瘋狂分享，可見台灣的勞工的確有話想跟老闆說，但又不敢明講，只好期望大量分享後，同事會產生共識，老闆會不小心讀到，開始改正這個陋習。

這篇文章極度速成，想傳達的觀念也不深，大約只花了一個下午就鋪陳完畢，但爲了從家裡負責上班且表演過數場尾牙的老公身上挖掘出寫作材料，前前後後花了四年。

尾牙表演一直以來都是我們夫妻間茶餘飯後的話題，記得婚前每逢年底，老公就要加班排練，每次都搞得又晚又累。還好，隨著年資增加，尾牙表演這個任務終於慢慢離他而去，偶而零星的流彈射來，他也可以說要帶孩子而婉拒。但每次我問及當年在尾牙演出的情形，他總是面有難色，不肯透露太多，連張照片也不給看，那表情好像很開心，卻又帶點淡淡的憂鬱，有時候心情好時想講一些，卻欲言又止，似乎對尾牙表演一事有極大的表達障礙，也許是受過創傷。

某日在神明指示下，他終於說出口，雖然回憶相當片段，但在我循循善誘下，終於拼湊出一個完整的畫面，讓我得以寫出〈尾牙不要叫員工表演的理由〉，其實文中他表演的部分提到了一些，但爲了保護當事人，我並沒有全盤托出，因爲當時認爲老公心理狀態還沒準備好。

承蒙出版社的厚愛，以及截稿日的迫近，這次爲了出書，也顧不得老公的感受，只好把他當年表演的細節公諸於世，讓他下海。他不脫，我哪有稿費可以拿啊！

老公很衰，進職場的第一年就被要求表演尾牙，還好是臨時被通知，他與同事隨便找了小虎隊的〈青蘋果樂園〉，排練一下，當晚又唱又跳、荼毒吃飯的同事，聽說沒人吐就是了。

後來幾年，類似的尾牙演出邀約似乎都沒斷過，有時搞搞大合唱就混過去了，大家都相安無事，但沒想到這只是暴風雨前的寧靜。他說：「他媽的，都是電視在報，那個×××部門竟然去租道具，表演高凌風的〈火鳥〉，聽說指揮官玩得很high，我們老闆備感壓力，要大家進入戰鬥狀態……」結果那一年，他下海了，原來文中講到「女同事還很喜歡凹男同事扮女裝，扮人妖，而且是品質很粗糙的那種，叫男同事穿奶罩、塞假奶、戴假髮，讓女同事抓啊，讓老闆摸啊……」這男同事就是我老公和他同事。除此之外，他還被化濃妝、擦口紅、還得扭屁股，面露微笑，原本極度不想配合的他，聽說另外一位胖子同事要表演穿紅色旗袍，才稍微有點釋懷。據他所述，當年他的老闆爲了迎接最高總指揮官蒞臨，要求同部門的同事全員表演，共分爲三組，每組五到六人，尾牙時輪番上陣表演，輪到第二組時，會發現除了指揮官那桌外，其他人都跑光了，一組卸妝、一組表演中、一組準備換妝。不知情的人若此時走進會場，可能會以爲是表演給神明或是好兄弟看的。

那天表演完之後，就很少聽到老公再提及尾牙表演的辦公室風雲，以前我熟悉的驕傲與尊嚴似乎消失了一半，感覺他在公司裡腰彎得更低、更謙虛，男人眞的很偉大，爲了工作與家庭，有時候得做出這樣的犧牲。

不要當家庭主婦的理由

我不是家庭主婦，我做的是自由業。但我有很長的時間都待在家裡工作，同時二十四小時照顧一個小孩、煮晚餐，於是我老公就把我當成家庭主婦。

每天早上老公一出門，我就開始照顧小孩，先把早餐塞入小孩口中，等他拉大便，幫他洗屁屁、按摩小屁股，換好衣服帶他出去玩，玩到中午拉回家，餵飯、戰鬥、哄他睡。等他睡了，就是我的工作時間，每天大約三小時，這三小時中，我要工作賺錢，喝杯茶、喘口氣，順便準備晚餐。

這樣的生活並不輕鬆愉快，整天下來，像顆轉不停的陀螺，毫無餘裕可言，生活品質也很差，但各方面都兼顧到了：我自己在家照顧小孩，免去托育的費用和擔憂；也省下通勤、梳妝打扮和被責任制所浪費的時間，可以拿來煮飯；自己也有一份收入，想和我老公吵架的時候就吵，所以日子就得過且過。

最近家裡發生了些轉變，我終於能停下來想一想，回首過去的兩年，雖然不快樂，但也沒有勇氣跳出來改變，於是寫了這篇〈不要當家庭主婦的理由〉。

家庭主婦窮盡所有勞力在家務上，但沒有薪水

一個台籍幫傭，一天二十四小時待命，在家負責帶小孩、煮飯和做家事，這樣的服務必須花一個月四萬元才能買得到，而且願意提供的人有限，你還要擔心對方是否誠實可靠。

你說，難道我不會請外籍幫傭嗎？外籍幫傭在台灣並非人人能請，為了保障台勞的工作權，你家要有三個小孩或一個老人才能申請一個外籍幫傭。有人喜歡取笑家庭主婦只是會做家事的台傭而已，而做家事只是廉價的服務，所以家庭主婦很廉價。這種輕蔑的態度，正說明了這種人從沒請過幫傭，所以不知**請人幫你「做家事」是很貴的服務**。所以我就知道了，那些廉價的家事，一定也都是他自己做的。

你待在家裡的時間很長，所以家事就是你的責任

我典型的一天，是從早上八點睡醒到晚上十一點上床，中間幾乎沒停止做事過，連安心大個便、好好吃頓飯都沒辦法。但老公認為，只要我待在家裡，那我就有責任把家裡「隨手」打掃乾淨。包括小孩調皮搗蛋，把書櫃裡的書全抽出來丟地上、吃飯時嘔吐一地，還有我一心多用時，在廚房弄亂的殘局、還有掃地、拖地、擦桌子、刷馬桶、洗衣、晒衣、折衣，我全都有責任在他回家前，「隨手」收拾乾淨。

如果我去外面工作，每天早上七點出門，責任制加通勤時間，晚上七、八點回家，累得不用做家事也不用煮飯，一個月拿四萬元薪水回家，一半拿去付保母費，剩下的一半用來支付通勤和置裝的成本，我老公反而會認為我是個經濟自主的女性而尊重我。

就家庭主婦的標準而言，你被拿來比較的對象，是上一世代的女性

今天我煮了三菜一湯，我老公問我為什麼沒切水果？我用兩個小時工作，他

問：「你為何不先打掃環境？」我週末去買菜，他說：「為什麼你回來晚了，也沒帶午餐給我和小孩吃？」

我懂了，為什麼對於我做的家事，他會永遠不滿意呢？因為他是拿你和他這一輩子唯一認識的家庭主婦——他媽來比。也就是二戰之後，出生在農村，小學畢業，二十歲到城市打拚，白手起家的三年級生。

就女性伴侶而言，你被拿來比較的對象，是公司的粉領同事

今天我煮了飯，切了水果，也把家裡整理好了，他一邊叉起水果送入口中，一邊說：

「我發現你胖了耶，有時間怎麼不多去運動呢？」

「你怎麼不多去買幾件漂亮衣服打扮一下？」

很多魯蛇會嘲笑家庭主婦

以前有個國民年金的廣告，說家庭主婦不用上班，退休又有錢可領，眞是貴婦命，結果遭到許多家庭主婦抗議。

家庭主婦雖然不用上班，但仍然在提供勞務，而且全天候待命，週末還是要工作，家裡還是會髒，也沒有法律保障她應有休假日。只有很少女人婚後會成爲貴婦少奶奶，但一個家庭主婦需要向別人說明嗎？人管好自己的事就好，自己覺得快不快樂，有沒有意義，都是她自己的事，人只需爲自己做的選擇負責。

但這個世界上，總是會有些人不知道自己想做什麼，他們討厭自己所做的工作，不願意全力以赴，對自己的工作不滿，但又沒有能力改變，所以看到家庭主婦不用上班很羨慕。想起她們，感覺自己的處境更覺可悲，於是沒事就拿家庭主婦來嘲笑一番，好安慰自己。

女人在家照顧自己的小孩，就會漸漸失去謀生能力

除了人類，幾乎沒有高等生物會把自己的後代交給同類照顧。動物照顧自己的後代是天性，但是現代社會的女人爲了要在家照顧自己的小孩，所衍生出來的後果是很殘酷的，包括不能出門工作，也就沒有可支配所得，慢慢的失去獨立性，變成要依附男人，最後讓男人予取予求。

在網路出現以前，生了小孩還想要追求獨立的女人，就要忍受和小孩分開，

把小孩托給別人照顧，出外工作，不然就是在家照顧小孩，等待老公的薪水。非Ａ即Ｂ，沒第三種選擇。而且在台灣，一份工作並非拿走你每天八小時的精力，而是十幾小時的加班和通勤。

小孩會長大，長大後就是獨立個體

有時候我希望趕快變老，最好是一覺睡醒，睜開眼睛，明天我就五十歲了，因爲這表示我兒子已經長大成人了。雖然我不能停止擔心他，但我的身體自由了。不過，我也會害怕那天到來，到那時我該做什麼呢？不爲生活發愁的，就跳跳土風舞，和公園老人唱卡拉ＯＫ，整天在家聽賣藥廣播，這些都很鳥。至於爲生計發愁的，就連想都不敢想了。

家庭主婦工作的重複性質很高

每天的生活不斷重複相同的模式，所以很無聊，但家裡的事情沒變化，那等於日子過得很平靜安穩，也是件好事。當一個完全沒餘裕的主婦，你會希望小孩今天按時吃飯、睡覺，老公也準時回家，一切按表發生，日子越平穩越好。

最後，講了幾個做家庭主婦的缺點，但我主訴的是一般戰力平平的家庭主婦。其實各行各業都有很強的人，家庭主婦也有成精的，在不利的環境中，也總是能走出一條路。像鄭多蓮，雖然是主婦，但在家瘦身有成，現在可是身家好幾億呢；許多主婦還能發表食譜，成爲家事點子王，或是發明新家事用品。凡事沒有絕對的，這就是人生啊！

我也好想
拿薪水……
小鬼為什麼不
快點長大？

（老公也有話說）一定要叫老婆上班的理由

老婆的〈不要當家庭主婦的理由〉得到主婦朋友的廣大迴響，看這篇文章，好像她受了很大的委屈。親友看到之後，有人覺得我是個爛老公，或是以為我在家當大爺，眞的有人伺候我，我想一切都是誤會，其實她的故事只講了一半。

回想剛進職場時，在辦公室裡，我發現坐隔壁的大哥一天到晚接到老婆的電話，對話不外乎是：「嗯……嗯……嗯……回去再說……（掛掉）」他看我和女朋友（現在的老婆）講電話很甜蜜，便語重心長地告訴我：**「你將來若是結婚，一定要讓老婆去上班……」**現在，我完全理解他在說什麼了，因為我也常接到這樣的電話。

我想老婆的不滿，起源於她似乎不想當家庭主婦，但時日久了，要從這樣的身分中跳出來還是有點難。在此寫一篇〈一定要叫老婆上班的理由〉，希望各位未婚的、即將結婚的男性同胞們引以爲鑑。

其實她也不想回去上班

當老婆抱怨當家庭主婦很累又沒薪水，爲了家庭、老公、小孩而犧牲了自己的職涯和人生，她只是要引起你的注意，**讓你覺得她一切的不快樂都是你害的，你虧欠她太多，於是你該無限制地滿足她的需求**。心理上，動不動說要和你談心聊天；物質上，就是她要買什麼東西時，你非答應不可。但當你對她說：**「如果不喜歡當家庭主婦，那你可以去工作啊！」**她又講一大堆藉口，說：小孩怎麼辦？給保母帶不放心；上班有責任制、要加班，要通勤會塞車；我上班誰煮飯給你吃，誰關心小孩教育？

但其實她帶小孩的成果也沒比專業保母好多少，每天下班回家，家裡常常還是亂七八糟，飯桌上老是燙青菜跟番茄炒蛋，小孩沒吃飽又沒洗澡，老婆卻滿腹牢騷。其實脫離職場久了，她很怕再回去被責任制壓迫，領一點點薪水，卻要做到晚上七、八點。**婦女二度就業，其實心裡那關不好過**。

不小心就變成老公成就控

老婆的內心深處，覺得當一個家庭主婦很萎，但又沒有勇氣去職場上和年輕人競爭。**她說，每個人對成功的定義不同，並不是每個人都想賺錢、想功成名就。但奇怪的是，她又很想拿走我賺的錢。**我在家裡也罵不得她，說她什麼沒做好，她馬上發飆，她最喜歡聽別人說她是個欠咖女人。

她還長期被「每個事業成功的男人，背後都有一個偉大的女人」這種邏輯所洗腦。因此我很倒楣，**我，是她人生成就感的來源；我，是她這一生的希望。**如果我事業成功了，我老婆就自動升級成偉大的女人。事實上我每天在外面拚死拚活，努力工作，能供她吃住就已經不錯了，她還不滿足啊！還想要當偉大的女人？虛榮！你衣食無缺，還想要「成就感」？那就靠自己嘛，爲什麼不去工作，把自己的事業做得很成功，或是做義工幫助別人？一定要靠老公的事業成功，才覺得自己很偉大？

也會變成小孩成績控

小孩就更無辜了，這些女人總喜歡說「我要把小孩教育好，所以我不去上班」。事實上，小孩要不要讀書，想讀什麼學校，想走什麼路，都是他自己的選擇。小時候我媽哪有在教育我的？我媽才小學畢業，國字都寫不好，年輕時也要工作還更苦哩！下班回家只是煮飯洗衣服，然後問我吃飽了沒有，看我闖禍就揍，我還不是讀到研究所畢業？

老婆在家長期沒工作，常說要開店、創業，但沒有人逼她，自然就懶了也不會想去完成。於是就把小孩老公的人生，當成她自己的人生；把小孩老公的表現，當成她自己的表現；最後就**用老公小孩的成就，來衡量她這一生中的成敗**。事實上，大家的人生都是自己的，我工作想怎麼做，小孩想讀什麼學校，都是自己的選擇，關她屁事啊！

個性越來越自我，容易產生反社會傾向

她常常一個人在家，少了在外上班和同事、客戶應對進退的經驗，又沒有實

現自己理想的管道，好獲取成就感，久而久之容易閉鎖，個性變得自我，不夠圓融。認爲自己這樣做就是對的，沒得商量，也不妥協，但還是會在我上班時打來問我的意見，其實是要我背書，所以我只能回答「嗯嗯嗯……回去再說」。

老婆整天在家，沒有賺錢，老公又不是豪門小開，家裡再怎麼樣也是有經濟壓力，難道她眞以爲自己是貴婦嗎？所以其實她很沒安全感，怕我有一天不給她錢，怕人家在背後嘲笑她，防衛心也變重了，別人對她有一點點不好，她就容易鑽牛角尖，甚至還有點反社會。建議各位男性，如果你老婆沒上班，一定要多關心她的心理狀態，當她不出聲的時候，不代表你就沒事了。

不打扮，變成黃臉婆

人長得不好看沒關係，出門上班打扮一下，卸了妝之後，也差不多要睡覺，關了燈無所謂。

但老婆在家長期不打扮，她不知道外面的妹妹已經進化到什麼程度了。她覺得在家裡穿得漂漂亮亮也沒人看，所以我下班回家，永遠看到她穿的衣服還是早上起床那套睡衣，內衣褲破了也不換新的。

講話很直，沒有禮貌，讓你在朋友面前很沒面子

她沒有主管，沒有同事，沒有爲了五斗米折腰的壓力，覺得自己很自由，唯我獨尊。我雖然必須把薪水交給她，但又不是她的老闆，不能罵她，不滿意也不能fire她。跟社會脫節之後，她說話很直，少了上班族講話的圓融，卻覺得自己很誠實，忠於自我，但我常覺得她講話很沒禮貌。她常覺得我講話很龜，不夠直接，但其實她不懂上班就是這樣。

容易懷疑老公有外遇

其實老公會不會外遇，跟老婆是不是家庭主婦沒有關係。就算老婆有上班，也會懷疑老公有外遇。有沒有看過《犀利人妻》？隋棠長這樣，她老公都會外遇，那她自己這副德性，老公肯定更有可能搞外遇。但家庭主婦一切以老公小孩爲中心，**老公一旦有了外遇，她的夢幻舒適城堡、經濟和精神依靠全都崩潰了，所以自然會特別恐懼**。你不要看她懶散，就以爲她很遲鈍，她在這方面的嗅覺很敏銳，觀察力和警覺性都是非常高的。你若跟女同事吃午飯，還得傳照片給老婆，證明對

方是大媽才行。

老公永遠覺得老婆在家過得很爽，去上班至少有酬勞，證明她有在做事

每個老公在外面工作，夙夜匪懈，每天就是在等待回到溫暖的家，吃個飯、洗澡睡覺，好好休息一下，明天好繼續拚搏。家，是每個人的避風港，是世界上最舒適的地方，所以家＝休息。因爲**老婆整天在「家」，老公自然就認為她整天都在「休息」**。只要回到家，看到一丁點的不整潔，地沒拖、桌子沒擦、衣服沒收、垃圾沒倒……就認爲老婆一定整天都在睡覺看電視。

最後，其實我是嫉妒老婆的，爲什麼她有一個正當的理由，可以待在家裡不工作，做家庭主婦。但男人想要待在家裡不上班，做家事帶孩子，就會被認爲沒有用？

一定要叫老婆上班vs.不要當家庭主婦的理由（番外篇）

你若是沒當過人妻，至少也看過人妻部落格。網路上有不少幸福洋溢的「人妻部落格」，內容不外乎圍著購物、烹飪、旅遊、減肥和情人（老公）等貴婦話題轉。人妻，真的就是每天在做這些事情，接著就會感到幸福嗎？

如果你是一個有理智的人，應該會想到兩人結婚之後，怎麼可能沒有苦？先別提不小心和爛男人結了婚有多慘，我老公其實沒那麼壞，平常會幫忙照顧小孩和做家事，無不良嗜好，人不會無趣，也挺上進的。但兩個人要經營家庭、照顧小孩、應付公婆、承受經濟壓力、失去自由、犧牲個人興趣、老公加班忙碌、兩人相處之枯燥矛盾、職業婦女的辛苦、全職媽媽的無助……這些在婚姻生活中，女人必要經歷的體驗，卻鮮少看過「人妻部落客」們分享。

包括我，還沒成爲家庭主婦之前，偶而看到「人妻部落格」，也誤以爲家庭主婦每天過得很爽呢！想來是把負面的東西寫成正面的，並不容易，你若是把婚姻中的屁事寫在網路上，很容易成爲網路上數千萬篇抱怨文中的一篇，萬一自己還有露臉拚人氣，那大家就知道你在幹譙的人是誰了。但嚴格說起來，「三分鐘熱度」也算人妻寫部落格，家庭主婦在百忙之中寫寫部落格，其實還不錯，一來寫文章多少還有在動腦，二來萬一有人來按讚，我就感覺自己有好多讚友哦，大家都很了解我似的。你看，誰說家庭主婦一定會和社會脫節？

當家庭主婦三、四年了，結婚第一年小孩還沒出生時，我也嘗過自由自在的滋味。但快樂的生活，再怎樣還是有壓力，該怎麼省錢，煩惱自己整天該做什麼，晚餐煮的東西老公愛不愛吃。接著如願以償，可愛的小孩出生了，開始每天窮盡身心資源，照顧小孩、煮飯、整理家務、應付老公的要求，才發現**一個女人結婚前可以這麼囂張，但婚後卻可以這麼渺小**，原來家庭主婦是如此辛苦。

會寫出〈不要當家庭主婦的理由〉，最重要的啓發是我發現當家庭主婦吃力不討好。老公像永遠無法滿足似的挑剔我，就算我已經使出全力了，老公仍然有諸多抱怨。這和我在網路上所看到許多「人妻部落客」所展現的形象完全不同嘛！家庭主婦並不是做做愛妻便當，老公小孩生日時烤烤蛋糕，每天做各式點心等小孩放學回來吃，把家裡打掃乾淨，平時想著添購什麼新家電、新鍋子，想著怎麼布置家裡環境，種種花草盆栽，家人就會滿意，日子就會幸福快樂的。

推究起因，我老公對家庭主婦的謾罵和指責，我想是因爲他內心深處不想上班，他恨我，爲什麼我可以不用上班？而更令人髮指的是，當他犧牲了自我，在外面爲五斗米折腰，在公司裡替人收爛攤子，每個月引頸期盼的、能讓他暫時忘記痛苦的，就是那份薪水，但我卻能拿走他努力工作一整個月的報酬。這種情況下，他既是別人的員工，又像是我的老闆，所以長期角色錯亂的他，已非正常人。因此，不論你再怎麼對他說人話，和他溝通，解釋你一天能做的事情有限，你已經盡力了，他回家看到的，已是最好的結果時，老公也無法聽進去。

這兩篇文章得到不少家庭主婦和老公們的迴響，有趣的地方在於兩造都很有道理。當老公繳出自己一整個月努力的所得給老婆支配，辛苦工作一整天，他回家把自己當老闆，只是自然反射。但老婆是老婆，對於小孩和家庭付出許多看不到的愛心、耐心和擔心，不能和只是單純用報酬來衡量自己該付出多少勞力的幫傭比，老公把你打掃的成果，和家事幫傭比；把你煮菜的成果，拿去跟外面的餐廳比；再把你帶小孩的成果，和專業保母比，當然永遠不會滿意。但他無法想像，每個月所給你的家用，拿來買菜、交房貸、交水電費後也所剩無幾，試問他用自己一個月的薪水，是否能在家裡請一個幫傭、一個煮飯阿姨，再請一個保母呢？

所以寫完這篇文章之後，總算是整理了過去三、四年的生活心得，對自己也有了個交代，我徹底放棄了家庭主婦這份工作。如果能力眞的不足以勝任「家庭主婦」這份工作，總是要求別人體諒你，也不是長久相處的方式，長期下來總有一方要承受問題的。如老闆要求員工共體時艱，員工也有小孩、家庭要養，就只能咬牙苦撐；爸媽要求小孩體諒父母，但小孩就只能把委屈往自己肚子裡吞，強迫自己長大，成人後也許還會有陰影。

文章寫完之後沒多久，也找到合適的保母了，我則重回職場，把工作的報酬的九成拿去付保母費，繞了一個大圈，實質所得幾乎爲零，但至少老公不再憤憤不平，回家也不再怨我了。當媽的親自照顧小孩，即使數千年以來人類生態皆是如此，但在這個現代社會要實現，仍然有阻礙。除了經濟、社會條件不許可之外，另一個困難，還是人的心態。

不要考公職的理由

這幾年來當米蟲，考公職成爲台灣年輕人的正當職業，電視上不時就會出現一些新聞，說現在考公職有多熱門呦！新聞每隔一段時間就會爆料一些沒人知道、也很少人報考的公職，記者還特別做個專題，說這公職薪資有多高，而民間公司的工作薪資多低，工時又多長。最後再補上一個滿臉痘痘的年輕人，膠框眼鏡後的眼神渙散，鏡片上都是油，口齒不清的說**「考公職是現在最好的出路，考上了就幸福一輩子」**。我想，那或許是公職補習班業配的新聞。

雖然那「疑似業配新聞」所講的可能不是事實，但根據考選部公告，報考公職的人數近幾年的確創新高。這群對職場失望、但卻會想到再用「讀書考試」來競爭並得到工作的人，我看至少也都大專畢業。但奇怪的是，國小、國中、高中、大學全加起來，你不是已經讀了十六年的書？這十六年來有多少人跟你講過，要讀書升學才會有「好」工作？現在你發現畢業根本就沒有好工作，那你不是已經被騙了十六年了嗎？怎麼畢業後還要往火坑裡跳，再去補習讀書考公職呢？

其實我也不是見不得別人有目標，我也想過考公職。研究所和大學階段畢業時，都分別有過一段悲慘的時光。當時我自認高學歷知識分子，畢了業眞的很想要一份薪資和頭銜比較稱頭的工作，至少對親戚朋友講出口來不會丟臉。但後來沒有去考，也徹底想過我是否應該去考公職，最後計算出考公職的CP值實在太低了。林北還有大好人生，我當然不去考公職囉！爲什麼呢？因爲：

我考不上

根據考選部在一〇〇年的公告，公職平均錄取率爲1.61％，也就是平均每一百個人中錄取不到二個。學別人公職考試前，先撒泡尿照照鏡子，面對現實吧你！

我考大學那年，大學錄取率是50％，至少要有這種錄取率，對我才有拚搏的意義在。十幾歲是我讀書的全盛時期，那時我記憶力最好，心靈最單純，對於目標也最專注，願意犧牲一切休閒和興趣來讀書，這時候有人跟我說吃大便會考上台大，我也會吃的。好不容易讀到了大學，又經過了連續幾年在學校裡的摧殘，我對K書的熱情只有越來越低，這時再跟我說，書中自有黃金屋，好好讀書就能解決人生的問題，我才不會相信。所以，我沒有理由相信自己在二、三十歲時，還有辦法放棄休閒和興趣，每天死讀書，好擠進那錄取率不到2%的窄門。

我領不到十八趴

當年政府爲了體恤公務人員薪資不高，讓社會的中下階層有向上流動的機會，爲他們所實施的德政十八趴，在九十五年後已經消失了。也許他們還有其他好康的，但我又不是公職人員，跟我無關，也領不到，我還是不要去調查，以免造成自己無謂的憤世嫉俗。

我找到一份工作的機率，比考上公職大，準備求職也不用花一年

現在大學生素質很低，可能很多人搞不清楚錄取率1.61%的意思，等你搞清楚了之後，聽到「考公職」三字，腿都軟了。它是指：平均而言，你要先幹掉一百人中的九十八．四個人，才有機會考上一個公職職缺。這比你考全班第一名的機

率還要低，你考過全班第一名嗎？如果沒有，你憑什麼認為自己能考得上公職？

到民間找一份工作有沒有這麼血腥啊？以我專業所在的農林漁牧業而言，在台灣，該行業叫做冷門科系，親友都很同情我的。在民間，相關公司隨便開一個職缺，平均大約是零到五人來應徵，這樣算起來，我求職時面對最低的錄取率為25％。事實上，我的同學不是轉行就是去考公務員的，所以本科系的工作在民間公司徵人時，實則沒什麼人去應徵。

除了某些專業公職之外，公職是什麼科系都能考。民間公司應徵工作，面試主管為了節省自己審核面試者的時間，至少會訂下專業限制，先幫你擋掉一大票雜魚來應徵，1到2％的錄取率基本上很少出現在講效率的民間公司。

創業成功的機率，也比考上公職高

根據統計，台灣中小企業創業者中失敗機率是九成，也就是成功率為一成。一百個人創業，有十個人會成功，成功了就是老闆。如果我去拚平均錄取率只有1到2％的公務員，拚成功了，那我就是個……公務員。

創業需要的能力和讀書考試的能力是不同的，很多創業成功的人，不都是書讀得不好嗎？因爲創業需要的是管理、溝通、判斷決策、不斷修正嘗試的能力，和不放棄的毅力，這些能力，課本上的知識無法教會你，考試也無法強化你這些能力。

如果幾年之前你已經知道自己的成績平凡，那表示你不適合走考試讀書的路，但有可能你在創業方面卻是個天才，何不換個方向去做呢？幾年前考聯考都考不贏人家，現在還學別人考錄取率更低的公職啊？無聊！

你不敢在職場上爭，選擇考公職，將來你還是會繼續沉默

據報載，很多大學、碩士畢業生會選擇考公職的原因，是因爲現在就業市場生存不易，即使是高學歷者，依然無法倖免於責任制和低薪資。事實上，責任制只適用於極少類別的工作，而且僱主濫用責任制，延長你的工時，本質上是違法的。而年輕的你，是這一生中包袱最輕的時候，都不敢向老闆爭取合理的待遇，不敢反抗。將來包袱更重的你，揹了房貸，有了家累，那你更可能選擇接受、沉默和逆來順受。也就是說，現在你不敢反抗職場上不合理的生態，選擇考公職，不管你考上與否，那很可能你這輩子接下來只會更龜。

一個人的人生會不會幸福，和他有沒有自信有絕對的關係。自信來自一次一次的反抗和嘗試，拒絕你認爲錯的事，實現你所認爲「對」的事。比方說殺價成功、和老闆拗到了一個贈品時，那都是成功甜美的果實。當你被老闆欺壓時，不敢爭取自己的權益，不敢講出自己想講的話，然後你認爲等你考上公職就能馬上翻身，讓你幸福一輩子。媽個頭。

沒考上，我讀的東西就變成屎，投入的精神時間就是泡影

我表妹爲了出國讀書，努力讀英文，托福考了六百分。雖然她國沒出成，但是至少英文讀寫學得不錯。英文也不是什麼了不起的東西，讓你多看懂一些笑話，聽懂一些音樂，換工作時還能順便拿出一張托福六百分的成績單嚇嚇老闆。

同樣的，每年有幾萬個公職考生落榜，這些人花時間讀的國文、行政、憲法等科目，你若是沒要考試，會去看那種書，做那種選擇題，猜那種謎語來自虐嗎？除了拿來考試之外，這些書能讓你的日常生活更有情趣嗎？會在公職考試之外的職場上幫助到你嗎？還不是爲了考試，才要硬塞進大腦裡。若沒考上，日常生活中會使用到這些知識的機會幾乎爲零。

每年有幾萬個考生去拚那錄取率只有1到2%的公職，最後只有幾十個人考得上，那幾萬個人投注在書本上的時間和生產力呢？沒考上就是丟入垃圾筒，你所消耗的時間，對自己沒有意義，對這個社會也沒有實質的貢獻。你唯一貢獻到的就是補習班，讓他賺到你的錢。

考上後，發現公職的職場還是存在著不公平

只要是職場，就有不合理的事情；只要是人，就會有鬥爭。你因爲不能忍受或改變在民間公司的鳥事，努力考上了公職，但考上後，才發現公職職場上仍然存在不合理的事。比方說，可能今天新聞隨便報報公務人員有什麼節獎金，然後政府爲了要討好選民，莫名其妙就砍了這筆錢。

你面對這些不合理的事，卻覺得自己好「幸福」。呼應前面所講的烏龜心態，你在職場上吃鱉之後，轉身逃跑考公職，這是一條龜路。因爲你已經先把心態調整成烏龜心態了，所以面對不合理的事，自然會覺得很幸福。

考高分、得獎勵，不是正常人類生態

自古以來人類的生存方式，是靠著打獵、戰鬥才能活下來。人要一個舒適的巢穴，想要充足的食物、安全的生活，是要靠出門去打獵、去戰鬥才能得到。在圖書館讀書想考公職，認為只要拚命讀，考上了就能得到獎勵，這是實驗室裡的白老鼠被豢養習慣了，才會產生的生存方式。

每天坐在圖書館裡讀書，相信你考上了，就能得到穩定的生活，這不是正常的人類生態。這只是你從小被畸型的台灣教育所制約出來的想法，你讀得再多，考得再高分，自我感覺再好，都是在別人定的遊戲規則裡，被限制著而已。一旦被踢出這個考試系統，你才發現你花了幾年時間，全心全力所讀的書，在現實生活中無法幫你搶回一點權益，毫無用途。

你考全國最高分，人類的社會仍然不會有進步

公職錄取率這麼低，能考上的人必有過人的毅力，你拿這些毅力去研究愛滋病和癌症的新療法，或是如何改善溫室效應，研發再生能源，搞不好能拯救人類

呢！幹掉幾萬考生，考上個公職，求的只是你自己一個月可以領四萬元，格局還眞是他媽的小。

從小到大考了幾千個試，你還考不煩嗎？

大家都討厭考試。考試制約著你，讓你必須要讀某些特別無聊的書，排擠掉你閱讀其他課外書、學習自己喜歡東西的時間，而公職考試因爲錄取率低，競爭者衆，於是拚搏起來，又比從小到大的考試更苦了。

但爲什麼這些公職考生，已經在學校自虐了十幾年還不夠呢？終於離開學校，可以自由學習了，不再有考試控制著你，你可以做自己想做的事情，讀自己喜歡的書，做自己想做的工作來謀生，卻還有人選擇繼續考試。說到底，那些會認爲自己在民間公司吃屎，考上公職人生就會幸福美滿的人，我懷疑可能是從小被台灣的考試荼毒到已經沒靈魂的，也許他們對什麼都沒興趣，當他發現升學→文憑→好工作的泡沫破滅時，不會想要創業或是再嘗試其他工作，只會想到「考」公職，因爲他從小到大，在台灣的教育裡唯一學會的一件事，就是考試。

總結

考公職是個很好的理想。但經過仔細比較之後，考公職並不算聰明投資。因為你必然考不上，考上了也沒有十八趴可領。

由於競爭過於激烈，所以你創業成功、或是找到一份工作的機率，都比考上公職大。

考上公職，不會理所當然得到幸福，人能爭取到自己的權益，拒絕自己認為錯的事，實現自己認為對的事，才是追求幸福的途徑。

考高分、得獎勵不是正常的人類生態，出門與環境戰鬥，戰勝了，得到獎勵才是。就算我考全國最高分，我對人類文明還是不會有任何貢獻，而且我從小到大已經考了幾千次試了，滾出學校之後，我終於不用考試可以自由學習，何苦戕害自己身心，去考比任何學校考試都困難的公職？

要不要
這樣生活的理由

Part 3

不要給正妹優待的理由

近幾年來，街頭上正妹的數量持續增加。新聞不管報什麼，一定要有正妹來湊一腳，賣豬肉的正妹、搞學運的正妹、賣紅茶的正妹，連一些氣質為零的女星出書教人變正妹，也有人買，整個社會都瘋正妹。

根據我的研判，台灣島內正妹暴增的現象，應該和房價上漲、薪資倒退有正相關。正妹是非常務實的一群人，她們專注在美麗外表的眞正意涵，不是爲了短暫的虛榮，而是把握自己狀態最好時，釣個凱子媽寶，進不了豪門沒關係，但至少下半輩子能不用揹房貸。

年輕時，最好要當個小資女，每個月賺多少不重要，但切記要全部拿來投資在衣服、皮包、護膚產品、醫學美容上。二十歲至三十歲這段時間，日子過得辛苦一點無妨，只要能釣到個凱子，你就瞬間翻盤。**把這十年間的所得全用在美麗行頭上，才有望換取未來二十年的財務自由**。正妹花小錢，賺大錢，活化天生本錢，善用有限資源（青春）的投資非常聰明。

並不是每個女人都能、或是都想成爲正妹，但幾乎所有男人，都會湊熱鬧優待正妹。**和正妹來往，是很多男人成長過程中血淚斑斑的一段記憶**。根據個人經驗，我給各位宅男幾個不要優待正妹的理由：

你優待正妹的結果，是被發好人卡

中學時我們學過機率。越是正妹，想追她、對她好的男人一定越多，因此你混在正妹身邊那群人中湊熱鬧，追到她的機會就越低。

由於很多人對正妹好，於是在正妹心中，「好」的標準自然就通膨了。**當你服務正妹時，你該知道「服務業永遠只有更好，沒有最好」**。當男人騎著機車，風吹日晒地接送正妹，正妹心中想的是「開車會更好」；當男人開著Altis去載她，她心中想的是「奧迪會更好」。

正妹，最後永遠只能屬於一個男人，也就是最敢花錢的那一個，如果你沒

guts 幫她出裝牙套的錢，那我想你一開始就應該省省吧！正妹不適合你，你連看都不要去看她一眼。

正妹當人生伴侶，功能性沒有比較強

是功─能─性，不要看反了。人需要伴侶，是爲了要滿足身、心、靈三方面的需求。以做爲一個伴侶而言，正妹和普妹，構造功能都是一樣的。差別是帶正妹出去，在她還沒開口講話之前，你會比較有面子。面子一斤該花多少錢來得到呢？其實這都是比較出來的，要視你朋友馬子的狀況來決定。但一個成熟獨立的男人，下任何購買決策時，要自己估算 CP 值，不該受他人影響。當你追求正妹、無止境優待正妹時，CP 值裡的分母一定會比較大，但正妹做爲伴侶的 Performance 也沒有絕對理由會比較高，所以你整個 CP 值就低了。

以做爲一個心靈伴侶（soul mate）而言，沒有任何證據顯示正妹的興趣會和你相同，正妹的個性比較隨和，正妹比較願意聽你說話，正妹比較有幽默感、會逗你笑，或是替你還卡債。

正妹不會對別人比較好

沒有任何證據顯示，女人的長相和她的愛心強弱有相關性。也就是說，正妹並沒有比較有愛心，她也不會對遊民或流浪狗比較好，所以你也不需要對她特別好。

大家都優待她，你卻對她殘忍，那她才會記住你

每個人都爭先恐後要巴結正妹，對正妹好，但**最後正妹愛的，都是對她不好的男人**。所以你修完電腦後，馬上叫她請你吃一頓夏慕尼；開車載她，就跟她收油錢；幫她買宵夜，照成本再加收她十趴走路工。你對她越刻薄，慢慢地，她就會產生受害者心理，有天演化成「斯德哥爾摩症候群」。這時你再突然請她吃一碗大腸麵線，她一定會感激涕零，覺得你對她好好，就愛上你了。

正妹也會挖鼻孔，有狐臭

自古以來，正妹的定義是五官突出、皮膚白皙、骨肉勻稱、長髮披肩、胸大腿長。你看到哪一項是「沒有狐臭」「沒有香港腳」「不會挖鼻孔」？沒看到。

所以這表示正妹也可能會有狐臭、有香港腳，也會挖鼻孔。

正妹忙於修飾外表，充實內涵的時間自然就少了

天地萬物，有陰就有陽，一個產品有優點就有缺點。大家一天都是二十四小時，正妹花了很多時間在化妝、卸妝、置裝、自拍、上臉書，那麼她閱讀、充實心靈、經營朋友、反省思考的時間自然就比較少。

正妹交異性朋友很簡單，但要交同性朋友是很難的。但你會希望你的正妹女友有很多異性朋友嗎？沒有同性朋友的女人是很可怕的，她沒有可以分享、抱怨的對象，她若是受挫了，也沒有朋友會鼓勵她、聽她抱怨或是幫助她，那這表示**她生活上一切狗屁倒灶的事情，全都要由你負責啊！**

優待正妹，會顯得你行情差

當你看到一個正妹，就像狗一樣的去聞她屁股，我只會覺得你從沒被女人倒追過。

人並不是努力追逐夢想就會成功。**會成功的人，都是先觀察大多數人怎麼做，**

再往相反的方向走，才會成功。所以，當所有男人都爲了想上正妹，在巴結正妹的時候，你身爲男子漢，就要練習矜持。看到正妹時，你要打扮像金城武，穿緊身白T、黑皮衣，再提把吉他，大大方方在路上走，這時看到正妹就裝作看到狗屎，表現出不屑一顧的態度，等正妹自己受不了性欲的折磨，主動請你看電影喝咖啡，這樣你把起妹來，才會事半功倍。

要訓練正妹獨立自主

美女想得到什麼，總是比別人容易，她自然不用努力培養能力、砥礪心性以實現自己的目標。她認爲只要能不斷維持外表，別人就會買她的帳，而她也能持續得到想要的東西。殘酷的是，每個女人都會老，永遠有更正的妹會出現，一個老去的正妹，沒了外表，才發現自己一點能力都沒有，沒有朋友，沒有心，沒有毅力，沒有智慧，沒有自知之明，做什麼都不行。

事實上，男人也懂這點，所以只要不斷優待正妹，讓她漸漸變得無能又依賴你，最後成爲一個只有外表而沒有內涵的女人。**男人總是自己先寵壞女人，再說她是花瓶**。

總結

拜台灣房價飆漲及醫學美容、美妝、科技軟體業蓬勃發展所賜，近年來正妹數量暴增。美女已不再如古代一般稀有，導致獨有帝王可享用。現在人人都有機會認識正妹，與正妹往來，所以怎麼和正妹相處，才能減少無謂損失，使雙方互利，是一門重要的學問。

根據機率統計，如果你優待正妹，最可能得到的結果是被發好人卡。在當人生伴侶方面，正妹不一定會表現得比較優秀。正妹不是全能，更可能的是她專注在外表時，就少了很多時間在充實內涵上。

把妹和追求夢想一樣，你要和別人做不同的事，才容易成功。所以當別人看到正妹就忙著拍馬屁時，你不鳥她，你對她壞，那她才會記住你，更可能倒貼你。男人長期優待正妹，對自己也不會有好處，女人也是很賤的，能免費得到，又何須自己努力呢？

注：本篇中的第四點與第八點，是由我在噗浪上的噗友 Elina Yun 提供。

正妹只愛壞男人
想把妹，就要像我這樣。

不要給正妹優待的理由（番外篇）

我和很多這世代的許多宅男一樣，都吃過正妹的虧。猶記年輕時整整當了某正妹一年的計程車，但卻連手都沒摸到過。後來這位正妹結婚了，仍不忘寄帖子給我。於是我們一家三口出席她辦在五星級飯店的婚宴，全家大啖龍鮑翅，我卻只包一千六，不足數的，就當做那一整年花在她身上的油錢吧！我想她會懂的。

這些年來，我發覺正妹的數量越來越多，不管是看報紙電視、部落格臉書、街頭巷尾，還有在我所居住的田莊，正妹出沒的機率都很高。街頭正妹數量的爆炸性成長，和人類科技的進步有絕對關係。如化妝術日新月異，修圖軟體一日千里，醫學美容懸壺濟世。但最重要的，還是「你要有心」。你若是不畏一天畫皮補妝卸妝數次，沾黏假睫毛，戴角膜變色片，洗髮護髮再吹整，安裝隱型肩帶，每天如廁時穿脫緊身牛仔褲數十次。平時也願意花時間研究穿搭，不辭辛勞逛街購物，收納你千百件的衣服鞋子包包，再開個臉書粉絲團，每日隨機自拍幾百次，總是有幾張能看的，再持之以恆地上傳，等讚友上勾，最後人人都是正妹。所以各位年輕妹妹要有自信，現在的正妹已經不是一個班級裡有一、兩個班花的這種低比例，這年頭是只要你肯，幾乎沒什麼不可能的。

我相信近代正妹普遍存在，是由於宅男先變多。**正妹，是因應宅男而生。宅男將自己的世界縮小，沉浸在Ａ片、動漫、電玩的單人世界裡，無形中塑造了他的審美觀**。最後的極致，就是以貌取人，自然這些符合動漫或Ａ片形象的正妹一出現，就能完全打中這些宅男的身心靈需求。其實男人若是想要身心靈的伴侶，只要勇敢踏出去，到處去聯誼，參加吉他社、天文社，自然有機會認識對象；要是都不想，那就老老實實打工存錢買一輛車，當愛心義工，載朋友和朋友的朋友出去玩，這樣你總有機會和女孩有更多的互動，自然接觸到女性的氣質、親切和內涵，就不一定會專注在女性的外表上，那正妹也就婊不到你了。

老婆身爲一個資深家庭主婦（也是女人），雖然再也沒機會嫁入豪門，但其實她也有如鄭多蓮、美魔女等當她的精神支柱，她不時幻想自己仍有潛力當美女，在男歡女愛的世界裡呼風喚雨，因此能在乾涸的生活中，感到一絲希望。

也許是婚前假掰得太厲害，又經歷了假戲的最高潮（婚禮）之後，我才發現這種越過高點之後的失落。結婚三個月之後，我整個人也失去人生目標。女友從今以後成了家人，我們這輩子再也不可能回到當年戀愛的感覺。而且這一生中，除非你有膽子搞外遇，要不然你再也沒有機會和任何人談戀愛了。人一旦結了婚，做人最好是低調再低調，平時不要強出頭，另一半及其姻親們就不會對你有更多要求，自然你就會被衆人消磨得少一點，留給自己的就會多一點。沒事更不要引人注意，這樣你們的心才會如兩灘死水，平靜地燃燒自己的生命，男的就心甘情願加班工作好賺錢養家，女的就每天認命的收拾老公小孩隨手搞出來的所有爛攤子。

歷經幾番婚姻的風風雨雨，我認爲**夫妻最省時省力的相處之道，就是都把這個家當成一個組織**。男的呢，從上班受辱，每個月領薪水再迅速地交出它；女的嘛，從煮飯、打掃、洗馬桶到和老公作愛，這些都是組織中的例行公事。這些例行公事沒有所謂好或不好，而你對它們呢，也沒有喜歡或不喜歡，做了之後更沒有滿足或不滿足，所以，大家都不需要爲了它們而吵架。你只要規律地完成這些例行公事，那這個家就會繼續順利地運作下去。從很多人可以在公司裡一待幾十年，不管快樂傷悲，都能撐下去直到退休來研判，我們用這種心態來經營人生中同樣剝奪你數十年自由的婚姻，一定會成功！

不要跑馬拉松的理由

我老公喜歡慢跑，自以爲很認眞的那種，假日早上跑、旅遊住宿跑、有賽事更要找朋友一起跑，動不動還肖想規畫出國跑馬拉松。他曾經定期在部落格分享路跑心得，直到去年初終於宣告該系列（跑步訓練指南／跑步路線介紹）先不寫了，他說因爲「邊跑步、邊拍照，使他無法放空」，但眞正的原因是他以爲會有很多人看，但人氣沒多少。其實我早就覺得他寫得無聊，果然感興趣的讀者不多。

老公曾是個只敢在住家附近操場慢跑的小孬孬，慢慢地見他嘗試10K、半馬、甚至跑完全馬，這中間的改變與作爲，讓我發現「馬拉松」這運動其實並不單純，尤其是爲了跑一次馬拉松所做的準備，就如同一個參加選美的女人，甚爲做作。

在此，我以旁觀者的角度寫一篇〈不要跑馬拉松的理由〉，各位鄉親若有打算或正在準備跑馬拉松，可以參考一下本文，除了可以避免讓簡單的運動複雜化，或許更能免了家庭無謂的糾紛。

很花錢

跑步不用場地費，不用別人教，只要有輕便的運動服和一雙合腳的鞋，就可以跑得很爽，也達到有氧運動的效果，所以應該不用花什麼錢。但老公每隔一陣子都會新增花錢的名目，比方說要買GPS手錶，用來記錄跑步路線；接下來要買快速透氣衫，還有專門激勵跑步的CD專輯、手握水壺與腰帶、一雙三百元以上的透氣襪子、雨天專用的跑步耳機，還有跑步訓練相關的書籍等。

這些打著冠冕堂皇的理由、花了幾萬元買回來的設備，大多數的下場都是用不久又塞滿抽屜，當我想要丟掉或送人時，他就會故意把所有設備全部穿戴在身上跑一次給我看，證明這些東西是有用的。

會減少你和家人相處的時間

老公平常工作很忙，能和家人相處的時間很少，但為了練跑，就得一大早起床，小孩起床看不到爸爸。到了晚上，又爲了隔天一大早要起床練跑，九點不到就躺平了。於是整理家務、照顧小孩的工作，全都落在老婆身上，更別想和他說句話，久而久之，家庭生活的品質也日漸低落。跟他反應內心的感受，他通常會說：「老公的身體健康，難道不是家庭生活幸福的泉源嗎？」

去你媽的，事實上正好相反，他**把所有空閒時間花在練跑上，家人感受到的是被忽略，不是幸福**。

到眞正跑馬拉松那天更扯，我必須一大早開車送他去起跑點，還得在終點等他，看著別人一個個跑三到四小時就回來了，我卻得在那裡等他六到七個小時。最後明明就是用走的，走到終點前一百公尺卻會自動加速，改爲小跑步，因爲我要幫他照張「凱旋歸來」的相啊！

很容易受傷

相傳馬拉松是起源於古代希臘某士兵在一場戰役後，將他的腎上腺素發揮到極限，拚盡全身氣力，從「馬拉松」這個地方跑回雅典通報軍情，他跑了約四十二．五公里，跑完後就掛了。所以，要有把握完成馬拉松賽事，花一年以上的時間改善身體狀況是很常見的，比賽前三個月通常還會搭配密集的訓練。

適度的運動是好事，保持身體健康、提高抵抗力，但看我老公強迫性的練馬拉松，已經成爲一種病。有時是過度訓練而拉傷肌腱、看骨科照X光、檢查長短腳，有時是忽然下雨淋濕後重感冒，也發生過腳踩到石頭扭到的慘事。

他比賽前受的傷已夠多了，比完馬拉松後更是驚人，跑回來像殭屍一樣，臉色蒼白、脫水、嘴唇裂開、全身肌肉嚴重拉傷、腳指甲也瘀血、連蛋蛋都磨破皮，我又得花幾週時間伺候他。

你的抗壓性已經很強了，不用再靠馬拉松來增強

老公說他跑馬拉松可以培養耐力、鍛練意志力、增強抗壓性，但我看他被我唸時，仍然撐不過五分鐘。

其實，台灣人的抗壓性已經很強了，我們從小學就要上安親班，要犧牲休閒運動的時間，每天補習、寫作業到晚上八九點，成人之後，我們上班打卡制、下班責任制。台灣企業裡過勞死、血尿、跳樓者、無薪工作之頻繁，在先進國家裡也是罕見的。但這樣高的工作時數和份量，在台灣也堪堪只能達到令人不齒的「草

莓族」的水準而已，可見我們台灣人整體族群的抗壓性，其平均值應該是極高的。

你看看人家歐洲人、美國人的小孩，下午三、四點就放學回家，沒人補習到八、九點。他們到了大學，有些連九九乘法表都還背不來，長大了上班也沒有上班打卡制、下班責任制，還有加班費領。懂了嗎？西方人的抗壓性眞的太弱了，於是他們才會發明跑馬拉松，來增強自己的抗壓性。

因爲國情不同，外國人是日子過得太爽了，才需要靠著馬拉松來增加抗壓性。**若各位因為想得到更強大的抗壓能力而去跑馬拉松，我想也不能解決真正的問題，你該檢討的是為何工作或生活壓力這麼大**。事實上，大家應該團結起來去路上遊行，叫政府立法把違法責任制的老闆抓去關，而不是傻傻的去路上瞎跑，跑得自己累死了，第二天還是繼續加班。我們台灣的人抗壓性已經非常強，根本不需要靠著一天到晚參加馬拉松路跑，來提升自己的抗壓性。

跑馬令人自我感覺良好，但其實大家都在跑，所以你並不特別

老公會去練馬拉松，有一點應該是想讓自己變得「很特別」，好平衡他那平凡中年人的沮喪。當他很有野心地在臉書上宣布自己要跑某某馬拉松，若是出國

跑，則能達成有錢、有閒、有青春肉體的成功人士境界，最後再放上一張終點照，必能讓他自high很久。東家講完西家講，履歷表也能填上一筆。但事實上從網路上千百篇「跑完心得文」「勸跑文」看來，這年頭跑過馬拉松的人口相當多，而那些心得文內容千篇一律，在「人生就是一場馬拉松」這句話打轉，跟我老公掛在嘴上講的差不多，原來大家都在跑，所以你也沒什麼特別。

此外，很多還沒有對象的上班族，大概是好康道相報吧！想在跑場上另闢戰場，女的穿著小短褲、小可愛，露個肚皮；男的就露出胸肌和大腿，再加上全身昂貴電子設備，在一次幾萬人的路跑場合裡，向大家展現活力，散發出自我實現、堅毅獨立的內在特質，看能不能吸引旁人注意，最好是剛好被記者拍到上新聞，標題下個「馬拉松正妹／猛男」。但這種戰法的基本原則，是你一定要穿得很好看，於是跑步用的運動服，近年來也越來越美觀了。

這些人把跑步當求偶的幌子，於是造成我們這些習慣穿三槍牌內衣、又跑得很難看的人開始羞於出門去跑步，光天化日之下也不敢參加路跑，以免自己醜到吸引別人注意。當**跑步的目的，對很多人而言已經不只是跑步，而成為一種新興的炫耀或求偶的方式**，那感覺就像你住在一個純樸的小鎮，本來日子過得很平實、很滿足，但某天突然有一群投資客跑來你家附近炒作，一群暴發戶整天打扮得花枝招展在你面前走動，然後房價變貴了，物價變高了，而你突然被當成鄉巴佬，這樣一來，你的感覺一定很差吧！

跑完馬拉松，接著還有超馬跟鐵人三項

老公跑完幾次馬拉松後，雖然成績很差，但他仍不改其志。我看他常常在網路瀏覽相關的文章，還買了《天生就會跑》這本書來看（他平常很少看書），看電視也會轉到體育台，我就知道新的花樣又要來了。果然，某日他告訴我想練鐵人三項。**練馬拉松「一項」就已經夠花錢了，外加拋妻棄子、逃避家務，我若是讓他碰到「三項」還得了？這東西不是錢坑，那什麼才是錢坑？**

爲了家庭的和諧與長遠發展，我只能先敷衍他，跟他說鐵人三項等小孩大了再去玩好嗎？偶而看他會點擊林義傑的新聞，我猜他下個把戲是「超馬」，這眞的是沒完沒了。各位在練馬拉松的鄉親們，家庭的和諧與關懷，才是人生活的核心，別因噎廢食，沉浸在自己的運動世界裡逃避現實，卻忽略了家人的感受。

總結

老公十年前初嘗馬拉松之後，自我感覺良好度提升不少，也漸漸變成運動控。嘴上不斷說著「老公身體好，家庭才會幸福」這句廣告詞，但其實是想藉由每天練跑，逃避家務和帶小孩的責任。

我老公並非唯一個案，我發現跑馬拉松是這幾年來台灣很瘋狂的運動，全台灣一年幾十個馬拉松比賽，大家一窩蜂的跑馬，把跑馬當紓壓、勵志和求偶的解藥。但跑馬有諸多缺點，始終無人論及。

它如同其他興趣一般，最後會花很多錢。跑馬需要長時間準備和消耗體力，減少你和家人所剩不多的相處時間。跑馬比一般運動更容易受傷，也許它可以增加你的抗壓性，但你身為台灣人，從小操到大的生活，抗壓性早已經很強了，不需要再靠馬拉松再增強抗壓性。而且坦白說，每個人都在跑，你無法再利用馬拉松增強自己的特殊性。而且運動會上癮，未來可能又有超馬、鐵人三項，每項都是勞民傷財而高風險的運動，沒完沒了啊！

不要到部落格留言罵人的理由

寫部落格久了，收到的惡意留言也不少。

你我都當過鄉民、酸民，沒人知道我們是誰。在網路上，我們持續酸人和被酸。**鄉民是種矛盾的生物，在網路上裝作一副道貌岸然樣，講話正義又帶點慧黠，但他們的行為，卻告訴你另一個事實。**

身爲一個資深挨罵部落客，我深信在網路上罵人是會有報應的。所以不要在網路上罵人，特別是不要去別人的部落格留言罵人，因爲：

在網路上見低就踩，不會顯得自己人格高尚，反而顯得道德低下

今天某部落客寫了什麼，被大家砲轟，你看罵方人多勢衆，於是想順便發洩

一下今天不爽好了，也跳下去罵他個幾句。這樣做，只能顯得自己齷齪。

從日常生活觀察可得知，我們典型的成長過程中，中小學老師上課隨便教，下課開補習班；大學老師上台嚎哮、不到課、亂給高分；上班之後，主管不管理，逼你加班，出事要你扛責任，以上這些真正危害到你生存權益的事情，你從未看過有同儕或受害者衝出來罵、指責這些現實生活的混蛋。

那是因爲在現實生活中，一個精神正常的人，無論自己對錯，通常不會隨意公開批評別人。若去罵一個他根本不認識的人，那更是找死。如果他平時也這麼做，那他可能已經不在世界上了。因此可推論出：會在網路上罵人的人，平常一定不會在現實生活中罵不認識的人（否則早已升天，也不會在這裡打字了）。所以，他就是只限於「在網路上」才敢罵人，然後能苟活到今天；就是因爲他以爲你不知道他是誰，他才有了勇氣啊！

一個人若是在別人看不到他的時候（比方說網路上）會變得很惡劣，那麼，在別人看得到他的時候（比方說現實生活），他所表現出來的溫良恭儉讓，也必定是虛僞短暫的。

在網路上罵人腦殘、爛文，邏輯差，暗示自己並不聰明、不會寫文章、邏輯也不好

不管一個人的智能和知識水準如何，當然有權利說別人文章寫得差。但是會被罵的人能告你，和不能告你的差別，在於你能不能說出這東西爲什麼爛？以什麼標準來看是爛？爛在哪裡？隨便說人家腦殘，但又無法證明別人的智商低，那你等於送條小辮子給別人拉，格主想告你的時候就告，到時你消耗自己的精神和資源，只是爲了抽身，不知這究竟是誰笨？

閱讀最困難的地方，就是檢視論證。當你讀完別人的文章，能說出文章爲什麼不好，那你就把精髓呈現出來了，既然你已經讓別人看到你身上戴著珍珠，那又何必把自己的屁眼也露出給別人看？因此閱讀能力高強，又能正確批評的人，通常不會想用「爛」字形容別人。但當你沒有能力呈現精髓，沒有珍珠可以給別人看時，就只能用「爛文一篇」「腦殘」這種虛話，等於露自己的屁眼出來，好引起別人注意。

有些人，你寫 A，他就是要罵你 B。你寫了一篇有開頭↓內文↓結論等結構

的文章，但他只能用些如邏輯爛、白痴、腦殘的破碎片語來表達他對整篇文章的意見，他連爲什麼爛都列舉不出來，卻能突然下個你爛的結論，這正說明了這種人的推論方式，和他腦中的思考，正是無邏輯性可言的。

在網路上發言、罵人，能提高自信，但只對很少人有效，比方說青少年

講話，一定要有人聽，不然講話的人就成了神經病。發言可以提升存在感，有助自我肯定。有些人，特別是女人，發現你會點頭、會答「嗯」，她就講個不停，因爲她沒安全感。若你能慷慨激昂、公開講一些批判他人的話，更是能馬上提高正面自信。

一個自信健全的成年人，不需要證明自己存在的價值，所以他不會想一直講話，只爲了讓別人發現他。正常人講話通常是爲了完成某種功能，當他認爲能實現某種具體的目的才會想講，比方說：表達自己的意見、抒發心情、改變某些事情、鼓勵別人、想讓別人喜歡你，或是讓氣氛變好……

正因爲講話是要動腦筋和消耗熱量的，你必須思考「你要怎麼講」，用什麼字眼、什麼語氣，在什麼場合下，不會讓別人聽了不舒服，你說的話，也才能順

利讓別人聽得進、記得住。

但青少年就不同了，我記得小時候和我姊吵架，都是比誰罵人可以罵得久，而且一定要連續不斷。吵架會贏的關鍵成功因素，就是要很快想到新學的髒話（通常是從電視劇裡學來）。只要能一直講，持續激怒對方，直到對方受不了大哭，衝進房間裡把門砰一聲關上，那就代表你贏了。

在網路上罵人，持續不斷用白痴、腦殘等虛的形容詞罵人，正是沒有功能性的發言，目的在於激怒別人，這也正是青少年累積成就感，提升自信的有效方式。

在網路上隨口罵人，真的能完成你的目的嗎？

在網路上用打字罵人，只是在浪費你的指力。打得越長，別人越不會看。爲什麼呢？

第一，根據國外研究，**人類上網時，絕大多數是呈無腦狀態在漫遊**。也就是說，一般人們上網時不願思考、不肯閱讀。一般人上網閱讀的極限，是一到兩行的條狀文字，只要看到片狀的文字，他們就會自動略過。但像我這種閱讀能力比較強的人，我通常會看一面文字裡的最前面兩行，和最下面兩行。

第二，**發言時罵人一句，別人將會否定你的所有內容**。

沒收功就罵髒話，你的特異功能就消失了，還在這裡惹人嫌嗎？

學過演說（Public Speaking）的人都知道，在公開的場合對眾人說話，也就是演說，你絕不能罵人。連一點負面的字句，都會被認爲不客觀，讓聽眾自動關機，最後否定掉你所說的全部內容。所以，一位優秀的講者，一旦投資了自己的心思來發表演說，他的目的，就是要讓你聽得見、記得住。於是他們會避免負面的字句，盡量用中性言詞來表達負面意思，罵人更是不可能。

網路上長篇大論罵人的，基本上不會有人閱讀你打了什麼，別人不小心瞄到裡面有個爛字，立刻就知道這是篇爛文。另外，由此還可回推第一點，網路上會罵人的，都是現實生活中的小孬孬，他們平時不會公開發言，因此不諳演說術，所以才會用謾罵的方式表達意見。

你到部落格留言罵人，花大把時間打字，板主看了不爽，一秒就可刪掉

你曾經體會過，花了幾小時、寫了幾百字的作業，電腦竟然當機，你來不及儲存，再也找不回來，心血時間全部化爲烏有的那種恨與痛嗎？

同理，有人對你作了惡意的留言，你寫了不要××的十點，他就回應了十點，每點都精心鋪陳，用字遣詞刻意挑過（特別選負面的），點點都想打你臉。有時攻擊不了你的言論，就攻擊你的私事，回文甚至比你原文還要長。像這種留言，根據經驗，我估計他動腦想、動手打的時間加起來，可能要花三十分鐘才打得完，結果我一秒就刪掉了。

噢耶！是他自己要把他的三十分鐘交到我手上，讓我決定他時間的價值的。

總結

在網路上罵人，或是到別人的部落格留言罵板主，是從網路時代之後所產生的一種消遣。事實上，這不會讓自己顯得人格高尚，也暗示著自己並不聰明，雖然能增加一點自信，但僅限於對青少年有用，也完成不了你的目的。而且花越多時間，打越長的留言罵人，一旦慘遭板主刪文，損失的時間就越多，並不划算。

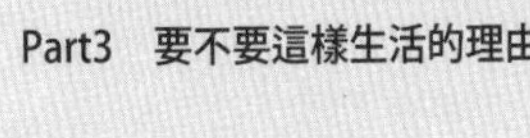

不要到部落格留言罵人的理由（幕後花絮）

某天我在部落格刊出一篇溫馨的全家出遊記之後，卻引發整個部落格中有史以來最嚴重的筆戰。

全世界的部落客都會被人罵，也不是只有你，所以被人罵這件事情，可以把它看得很淡。但是又因爲太過頻繁了，不禁讓我也想要深入思考這問題。分析過後，我發現在部落格留言罵我的網友，很多都只是表達自己意見，只是他們用的言語不夠具體，不知道他們自己究竟對文章中的什麼成份不滿，但這些罵人的網友們最大的優點，是勇於對你表達心聲。

網路上的大家爭先恐後對我表示意見的現象，和日常生活中我所體驗到的是相反的。現實生活中，當你在工作場合、課堂等公開場合問別人意見的時候，一般人都懶得回你，更不可能罵你。但寫成文章放上網之後，卻能湧入人潮，還能引經據典，發揮耐心打字來酸你、罵你。

對於只敢在網路上用匿名罵人的網友，我早已演化出一套辦法。事實上，我自己也不定期會去別人的部落格留言罵格主，但只要對方完全不理你，或是根本不想回你，自己就頓時覺得萎了。**其實，留言罵人有點像戀愛中的告白，你鼓足勇氣，內心翻雲覆雨地講了聲「我愛你」，結果對方居然沒聽到，那你感覺自己有多鳥呢**？你既然留言罵了人，那就是希望對方聽到嘛！當你發現「我這麼認眞，鼓起勇氣，留這麼多髒話罵你，你他媽的竟然沒看到？」（其實格主有可能看到了，但不知什麼原因，他也沒回你半個字。）

在網路上罵一個部落客或論壇的網友，並不能影響眾人的想法，就算有，也是無系統性的，最後能影響到的人很少。所以匿名留言罵一個部落客，從來就無法改變你自己或社會的現況。

但對寫免費文章讓人家罵的部落客來說，我有自己的讀者觀眾群，日積月累，提供不同的思考角度，有天可能會改變他人的想法也說不定。我是守株待兔，你花時間打字、留言罵我，我也不用花時間回覆你，賠上時間和心智資源的人是你；

你再罵，那大不了我告你，我還是有得賺。所以部落客持續寫文章，大家持續罵，再怎樣我們都是有做大事、賺大錢的一天。部落客穩賺不賠，當然樂此不疲囉！

不要讀企管系的理由

在此聲明：①文中所述科系相當優良，在各行各業相當受歡迎，而且都屬精英。本文雞蛋裡挑骨頭，專寫不要讀的「理由」，充滿作者個人的偏見，若有引用或描述錯誤，請來信告知，將予修正。②本文與任何學校、補習班、重考班皆無關係，絕無任何「利益交換」或「置入性行銷」的意圖，純粹為個人心得分享。③若本文直接或間接影響了讀者選填志願、或幫孩子選填志願的決定，照慣例，作者概不負責。

街坊鄰居從小看我長大，以爲我是愛看書的文青，希望我對他們小孩選填大學志願給點寶貴意見，其實當年我書包裡一半裝的是準備去租書店還的漫畫，放榜時又被台大法律、電機、醫科直接拒絕，難過了好幾毫秒、差點重考，實在沒資格指引無邪的學子做人生重大的抉擇，但出社會後養成「never say 不會」的習慣，再怎樣都得講個五四三。我請鄰居等待幾天，必將給他滿意的答案。

其實我想直接跟鄰居說念大學沒用，去學美髮或汽機車維修等一技之長還比較實在，我就是因爲沒學這些，每個月都得剪頭髮，被漲價還是得去；每年支出汽機車維修和保養費，也不知道到底修了些什麼。但鄰居是「文憑控」，目標是培養小孩念到雙PHD，將來能去NASA上班更好。這時，我想起一位朋友，他大學念企管系之後繼續進修企管碩士（MBA哦！），畢業後卻告訴我其實他「什麼都不會」。我看他眼神空洞，應該是肺腑之言，乾脆來寫一篇〈不要讀企管系的理由〉，好給鄰居一個交代。

什麼都會一點＝什麼都不會

企管系，說穿了就是「商業綜合科」，什麼都要學，經濟、會計、統計、財經、管理……但都不用精通，因爲企管系的目的是培養經理人，擔任管理階層的人的確要有綜觀全貌的能力，然後找到對的人來解決，也就是說，他不用自己下海解決問題，所以也不需要某方面的專門技術。

這種能力的缺點是，當被人問到深入一點的問題時，就會顯得「什麼都不會」。經理人自然不怕被問，因爲他已經是管理階層，會有蝦兵蟹將出來護駕；但當部屬的我們則不行，「一問就倒」馬上暴露出自己不夠專業，印象大打折扣，還來不及背誦琅琅上口的企管理論前，對方已轉身離去，實在不給面子。把寶貴的大學四年拿來學一種概括性的知識，還不如去習得一門專業來得實在。

企業文化不易動搖

除非你自己創業，或者你是老闆的兒子，否則企管系畢業後進入職場，你只是被管的勞工，這情形會一直持續到你升官至董事長，預計要花三十年，或是被裁員、辭職創業那天爲止，例如我朋友，就只用了兩個月。

在你進入公司前，它早已是由一大群人的習慣所組成，那習慣就叫「企業文化」。公司內龍蛇雜處，耶魯、哈佛、NYU、LSE、漢堡、彼德堡、吉得堡、雙碩士、雙學士、輟學、假文憑的一堆。套交情、找人照顧、挖洞給別人跳都來不及了，在公司裡要成功，50%靠的是政治手腕。一個小屁孩剛從企管系畢業，就想要應用自己深研四年的「企管理論」，以爲這樣會幫助公司，忘了這件事吧！

從來只有企業文化影響一個人的個性（例如，公務員做久了難免保守，期貨交易員則是越賭越大），個人要改變企業文化的，應該是沒有的，就連CEO也不例外（例如，不論馬英九個人多清廉（嗎）？也改變不了公務體系貪污的亂象）。

家裡沒開公司

承上點，家裡開公司的稍微好一點，總有一天輪到自己接班，老臣也會退休，苦讀四年的企管理論總有發揮的機會，但希望業績不會因父執輩退居幕後也跟著倒退，因爲人脈是他們的，而且人總是迷戀過去的成功。記得你爸跟你說過的嗎："If it works then don't change it." 希望到時候自己還有改革的動力，而且還記得當初念的理論是什麼。根據我的統計，大學生在考完試後，有關學習的記憶會瞬間衰退50％，取而代之的是放假出遊的行程規畫、海賊王、火影忍者等動漫的劇情。

教授多數沒有在企業長期工作的經驗

企管系的教授，從小成績都不錯，一路從企管學士、碩士往上爬，最後頂著名校PHD的頭銜以及只有自己才看得懂的博士論文，順利在大專院校找到教職的工作。繼續把當年苦讀的「企管理論」傳授給新進學子，case study 則繼續講麥當勞、IBM、聯合利華……等，當然《彼得．杜拉克的管理聖經》也是要講的，反正那書上的重點，只要畫過一次就能傳誦一輩子，投資報酬率極高。當然，好教的課輪不到菜鳥教授，至於台灣中小企業，因爲靠著「無限責任制加班」就能解決一切，大多沒什麼管理特色，所以沒啥好說。

說教授沒有企業工作經驗也不對，有些人其實常年在外頭的公司擔任顧問賺取外快，當老板問教授們**「尾牙可否請員工表演？」**時，回答大概是：「偉哉，除了節省經費外，此舉還可凝聚向心力，展現員工活力以及熱情的一面……企業社會責任的最佳實現……blahblahblah」贏得企業主的讚賞，明年續聘。

不是台政大

當然，如果你是念台大或政大的企管系，那又是另一件事，這兩所學校招牌本來就亮，可說是職場上的 LV 包，業界學長姊多司要職（例如：HR 的頭），上百封的履歷表就屬台、政大最耀眼，企業收集到應徵者的履歷後，會照台大、政大……到私立大學的順序編成一冊（國外 ABC 則另外放一本），同校則以成績高低排序，老板的親戚則是直接置頂，打電話找人來面試就從最上面那份開始。

非台、政大企管系的同學，也請不要灰心，在校期間只要練就獨門必殺技，亦可揚名立萬，例如呑劍、跳火圈、左手畫圓右手畫方之類的，在履歷表篩選上即可 outstanding，獲得面試的機會，當然老板的親戚會被公正無私地優先錄取，所以投履歷前最好先查一下族譜，這層關係不用就是笨蛋。

還得跟 MBA、EMBA、IMBA、NBA……等競爭

當你熟背各式企管理論，準備進入職場卡位，打算見縫插針、發揮企管精神時，會發現竟然有不是企管系科班出身的人也能把企管理論倒背如流，他們就是鑲金邊的 MBA（企管碩士），這時你才理解，原來讀外文、中文、韓文、電機、法律、水產養殖、哲學……blahblahblah 等科系的人，都有可能在畢業多年或幾個月後跑來讀 MBA。

不用怕，其實那些剛畢業就念 MBA 的人跟你一樣，什麼都不太會，只是爲了尋找自己人生的方向，多讀兩年書而已，你可以找機會挖洞、戳破他們光鮮的外殼。至於工作多年後才去讀 MBA 的人，我們眼睛要擦亮，他們是屬於公司內

的大都督，大多戰功彪炳，把工作當成天命，有機會最好能多拍他們馬屁、納入其麾下，將來升官才會快。

至於念起來跟MBA很像的NBA，那是打籃球的，他們是台灣之光，不論外遇、打噴嚏、受傷……都對國內體壇還有青少年的志向有深遠的意義，也得罪不起。

管別人不見得是件好差事

想讀企管系、MBA或EMBA的人大概都具備領導統馭的性格，我自幼在學校時常擔任作業的小組長，承擔完成全組作業的重責大任。當我獨立完成全組作業時，組員都以我爲榮，讓我驕傲不已，順理成章也會希望自己將來在職場上能夠位居管理階層，指揮調度團隊成員來完成偉大的專案。後來果眞如願，某次工作時我管了兩個人，但其中一個不當我是隊長，另一個覺得他做得比我更好，那次的管理經驗讓我吃盡苦頭，眼淚往肚裡吞。我後來才領悟到，管別人不見得是好差事，有時候被別人管，一起跟同事罵老闆反而自在。

企管理念早已深植民間

常看新聞的人都知道，台灣民眾自幼即習得各式企管知識，例如每年總是要討論「瑞士洛桑管理學院」公布的競爭力排名，日本的管理大師大前研一也會來指點，民眾多奉為圭臬，《工商日報》《經濟日報》更是人手一份。各式沒效率的骯髒事，都會被鄉民所唾棄，包括買雞排等太久、蚵仔煎的蚵仔太少、銀行開戶慢、公務員上班休息時間能否用裁縫機、手機送修遇到客服態度不佳等，撥打投訴電話的習慣也成為一種優質的文化，你投訴我、我投訴你，不亦樂乎，讓各行各業越來越有效率，各式服務均達到最佳化，競爭力卓越。

坊間企管書籍多，不需要念個文憑

就因為我們人人自幼已培養企業管理的素養，書店裡也都有「企管」的分類，相關書籍特別多，方便大家時時刻刻進修，像是執行力、從A到A⁺、長尾理論、80／20法則、呆伯特、馬克靠腰……應有盡有，不管你遇到什麼問題，總是會有相對應的書籍可以幫你解決，花幾百元就好，實在不需要花數十萬學費和四年寶貴的青春來換這張文憑。

學校的教育理念與現實落差極大

觀察一下企管系的願景與目標，不外乎是希望培養學生在生管、行銷、財管、資管、人資以及策略等領域上都有斬獲，並且培養國際觀。老實說，這塊餅畫太大了，上過班的人都應該會知道不可能，業界根本沒有這種通才，也不需要這樣的通才，**現在是講究專業分工、團隊合作的年代，所謂的通才，就是通通都不會，也就是老闆，但也只有一位**。無知的高中畢業生可能看不出來，讀到這篇文章的人實在有福氣。

總結

我猜企管系會成為熱門科系，推究起因還是因為社會不求甚解的風俗習慣所致。

台灣有種傳統，就是喜歡沾光。只要名稱能沾得上邊，不管有沒有實際用途，總之會有好處。

像我們這些沒目標所以讀大學的人，滿腦子想的，都是畢業能找份好工作。而「企業管理系」它字面上的意思，剛好正中大家下懷。爸媽看到「企業管理系」四個字，都說你管他三七二十一，反正只要大學畢業後，能讓你到企業裡工作就好，而且企管系聽起來又更讚，你不只能進入企業，還能當主管管理別人呢！

但深入分析之後，我發現企管系所培養的能力，並不如其他商業專門科如會計、統計、行銷等具體，也不能解決企業中單一、基層的問題。但解決基層的問題，才是初入職場的菜鳥們最容易碰到的。因此，大學讀企管系，花的也是四年光陰，學習卻是籠統的知識，最後只是為了那虛無飄渺的將來，當你會變成管理者（可能性極低）之時才用得到。這對初入社會，家裡又沒公司，不是台政大畢業，又沒有一技之長的魯蛇而言，完全不符合他們眼前的真實人生，所以唸企管系，對他們的用途很小。

這篇寫得有點長，鄰居肯定看得出我用心良苦，發表後拿給鄰居看時，發現他的小孩已經把志願填好了，而且選的是理組。

一定要看港片的理由

以前看港片只覺得香港人很阿Q，常把白人演得很笨、很奸詐，白人明明又高又壯，比元彪、成龍、洪金寶帥多了，但編劇都故意不給白人台詞，而他們出場都是被揍的，一個個不得好死。港片中悲慘的白人，怎麼和我感受到的完全不同呢？好萊塢的電影如教父、阿湯哥、鋼鐵人、阿諾和布魯斯威利，全是帥又機智的英雄，世界都還被它們拯救了好幾次呢！

這幾年隨著小兒出生，我當了父親後，智慧也忽然跟著增長，我開始覺得港片眞讚。我想「看港片運動」，應該要納入十二年國教才對。因爲**看電影其實跟看巧虎一樣，看久了之後，人自然會產生質變的**。比方說，我每天照三餐播巧虎給我兒子看，巧虎教的規矩，如刷牙、洗手、擦嘴巴，小兒慢慢都學會了。爲人父母的，看到這一幕眞的好欣慰！

幾個月來，看著這種潛移默化（＝洗腦）所展現出來的成效，我瞬間領悟，當年在 PUB 我爲何只能一個人獨自喝悶酒，而隔壁看起來比我醜的白人帥哥，卻有東方妹主動搭訕聊天，東方妹操著一口破英文，卻能和白人帥哥談心談這麼 high 啊！而我健談幽默，長得又帥，卻沒人理。我合理的懷疑，夜店中無人理我，而白人卻廣受東方女子好評的現象，與我國人喜愛觀賞好萊塢電影有密不可分的關係，即便國人不常出國，但長期耳濡目染好萊塢電影的情況下，可能對白種外國人特別有好感。

爲了提升我們國人的向心力和自信心，進而提升我們的國力，我們應該少看好萊塢片，多看港片，而且一定要看港片，爲什麼呢？因爲：

增加民族自尊心，不會被美國人洗腦

好萊塢在美國出產的片子，通常是以美國人爲出發點所拍，並且以美國爲世界的中心，黃種人在裡面跑跑龍套也就算了，還常是丑角奸商呢！難道白人沒有奸商，黃種人沒有英雄嗎？幹嘛不演？

好萊塢片多半有個公式，不管是外星人入侵、氣候變遷大災難，美國人都會拯救地球，因爲美國人的科技是全世界最先進的，美國人的道德標準也是全世界最高的。當外星人來侵略地球時，奇怪，其他國家的人都死到那裡去了呢？爲什麼總是只有美國人在作戰呢？

那是因爲好萊塢由白人主導，而且好萊塢片本來就是演給美國人自己看爽的，那當然是演美國人最行呀！我們弱國小民在文化上很弱的，又自己犯賤要去看好萊塢片，看久了自然容易被洗腦，認爲美國人是世界上最優秀的國家、美國人最偉大、美國人殺人放火射飛彈也永遠是對的。

你再看看港片，港片是由咱華人擔任主角，要救國、救民、救美女，也是由李連杰或發哥來做，所以你不用擔心會被西方人洗腦，就算你被港片洗腦，相信外星人來的時候，發哥會拯救地球，那也是件好事。

港片可說是洋片的中譯本，既然有中文的看，你又何必看原文？

你相信好萊塢是全世界最強大、先進的電影生產中心，技術水準最高，全世界的電影都以好萊塢爲指標，李安在美國得了奧斯卡金像獎，就成爲我們台灣電影界的天王級人物。

因爲好萊塢電影的水準這麼高，港片又抄好萊塢片，所以港片和好萊塢片事實上就是差不多的東西，但既然有中文版的看，你又幹嘛要虐待自己去看英文的呢？讀書的時候，老師一宣布這學期要上原文書，我們都要想盡辦法去找中譯本來讀，中譯本在書局一開學就被搶購一空了，原文本反倒沒人買。港片正是好萊塢片的中譯版啊！讀書、學習、培養競爭力這麼重要的事情，你都不想虐待自己讀英文了，那休閒看電影時，你更應該要看洋片的中文版——港片才對啊！

武打動作比較好看

功夫是中華民族的國粹，外國人打拳能看嗎？外國人塊頭大，肌肉發展過剩，踢腿揮拳時都被肌肉卡住了，所以慢半拍。外國人肌肉在視覺上是比較宏偉，但上帝是公平的，物理學教過我們 F＝ma，加速度和質量成反比，外國人質量大了，加速度自然就弱。哪有我們東方小鋼砲短小精幹呢？所以外國人只是塊頭大好看而已，沒眞功夫，一說到打架，白種人從來只有被成龍和洪金寶揍的份。

避免你看到小白就流口水

或許因爲香港曾經被英國統治過，港人不喜歡白人總是以精英或管理者的姿態出現在社會上。所以港片裡，除了羅芙洛之外，白種人通常都是被醜化的。港片裡常見只會講幾個英文單字，但不會做事的白人警司，還有看起來很壯，但最後還是被成龍扁死的惡白人，要不就是隨隨便便就被很醜的香港瘋婆子釣到，然後上床幹掉的野男白人，外國人常在港片裡跑龍套，而且往往下場淒慘。

因爲我從小看港片，於是對白種人培養了正常的心態。白人，也不過就是人，也是有好有壞，而且因爲文化語言差異，你應該用比台灣人更高十倍的警戒心和他們來往。長大後，我只要看到小白，就自然會提高警覺，我認爲他們永遠有可能是變態、色狼、毒販或恐怖分子。看到白種人在夜店裡、課堂上或路邊，我從不會覺得他們帥，若是有金髮美女搭訕我，我也不會理。

不用看字幕

港片講國語，不用看字幕，想看字幕還能看到中英對照。不像好萊塢片只講英文，你聽不懂，只能看人家翻譯，別人翻譯得不好或翻錯了，害你該笑的時候也沒笑到，有時西方人拐著彎在罵你東方人，你還覺得很有趣呢！

演員看起來就像隔壁大叔

同樣是大叔，湯姆克魯斯就比吳孟達帥。洋片中男角再怎麼醜，還是比港片裡的男角帥。但那又怎樣？你看得到，吃不到，又何必增加自己的煩惱？

港片打破全球華人的隔閡

金庸小說是全世界華人共通的語言，周星馳的電影也是。在台灣，龍祥、緯來電影台是我們成長的共同記憶，《唐伯虎點秋香》第四台一年可重播五十二次，它的台詞、哲理、美學價值，早就深深影響著我們台灣人。

此外，還有新加坡人、馬來西亞人、中國人、香港人，這些熟悉又陌生的朋友，雖然來自不同國家，但大家說的語言差不多，文化也相似，但一開始不知聊什麼，用港片起頭，包你不失禮。台灣如此國際化，鄰國的優秀人才都爭先恐後來淘金，因此當你在捷運上遇到這些來自各國的華人向你問路或搭訕時，講一句港片台詞當 ice breaker，對方必能會心一笑，無形中大家就這麼跨越了國籍的隔閡。

很下流，很直接，不用擔心看不懂

港片要演噁心，那就直接噁心給你看，還很徹底，把人肉做成叉燒包、人頭做成豆腐湯。港片要演剝削女人，就剝削到底，外國片很多時候還喜歡拐彎抹角，你要看懂它在演什麼，還得動腦筋想呢！

這大概是因爲國外各種組織很發達，你演得太露骨，大家都看懂了之後，人權組織就要來抗議了。但港片不會，我們華人怎麼被醜化都無所謂，好萊塢拍的片，雞雞小的性變態常是萬年華人，但我們華人掏錢看好萊塢片，還覺得很好看呢！港片把人肉做成叉燒包，包子店也不會抗議，其實是你不演直接一點，很多觀衆是看不懂的。

港片的鬼片才可怕

這是文化差異問題，你從小心目中的鬼就是白衣長髮女子或清裝殭屍，不是吸血鬼也不是狼人，所以你看到白人演的吸血鬼、狼人，只會覺得他們很帥，一點都不可怕。

總結

港片是默默陪我們成長的好朋友，但長期以來它們在文化上的意義一直被大家低估。

港片是洋片的中譯版，我們休閒時不用自虐，逼自己看英文或聽英文，看港片最好。時常看港片，還有助於提高民族自尊心，港片的鬼怪和武打片都比洋片逼真。不用看字幕，還能讓你培養對外國人的健康心態，讓你不會一看到小白就流口水。

演員很有親切感，港片的台詞是全世界華人共通的語言，而且港片拍得直接下流，不用動腦就能理解，也不會有人抗議。港片才是最適合我們華人看的電影。

後記：

本文中的九點，有七點是由我在噗浪上的兩位朋友 suling213 及社長杰提出並對我闡釋。這兩位朋友經營港片部落格多年，請參觀他們的部落格，以獲得更多港片資訊：

閒來無事的隨筆 @ 痞客邦—社長杰

彼此不要羡慕 @Blogspot—suling213

看我救國救民救美女！
我可怕嗎？
HONG KONG MOVIES
有哪個男主角像我這麼常上電視？
外國人打拳？能看嗎？

一定要贏在起跑點的理由

在小兒出生後的頭幾個月，親友們見面時總會關心的問：「會叫媽媽了嗎？」「會爬了嗎？」一歲後則是問：「會走路了嗎？」「會數數了嗎？」「會表達了嗎？」通常問完這些問題後，會接著講：「那個誰誰誰，在×個月時，就已經會怎樣怎樣了。」小兒的發展確在各方面都比親友口中「別人的孩子」慢了些，有時親友還會接著說：「那可能有什麼問題，要不要去給醫生看一下？」

有時想來也挺憂鬱的，爲了加強自己的心理建設，我還去買了《孩子，你慢慢來》一書研讀，但發現那是在講一位媽媽在德國育兒的經驗，台灣似乎不管用。這一連串的問答下來，我驚覺原來「人的競爭」在一出生時候就已開始，有人說「人生就像一場馬拉松」，不需計較眼前的輸贏。但我猜**多數的國人覺得人生更像**

是一連串的短跑，每一個起跑點都很重要，而且非贏不可！請看一定要贏在起跑點的理由：

長大之後，你可能永遠贏不了，但至少小時候你贏過這一次

小學時，我功課超好，畢業拿市長獎，但上了國中，數理成績就很爛。推究原因，是因爲小學時我下課都到老師家去補習，老師在課堂上小考的題目，我前一天在老師家早就寫過一次了，第二天馬上就考出來，印象正深呢！所以每次考試都考一百分。

國中之後就很慘，我們班數學老師剛好沒在開補習班，下課我就去外面補習，補到晚上九點才回家。但第二天學校考的題目，我還是不會寫，於是數學只考二十分。我從國中開始輸，自然高中、大學也都讀得不好。畢了業繼續升學上研究所，不管怎麼努力讀書，考試總是考不好，研究做不好，也找不到一份稱頭的工作。沮喪之餘，也想要去考證照、考公職，直到認識我老公，逼他向我求婚，成了家庭主婦之後，才拯救我離開這無涯的苦讀之海。

雖然我苦讀了十幾年，都是人生失敗組，但還好，小時候我曾經贏過一次。

小學時，我每次考試都全班第一名，得過無數獎牌，選過小市長，在全校同學面前風光的演講，那是我人生的最高峰！雖然接下來是每下愈況，但**回憶小學時的光榮，獎牌、獎狀、全還留在我書桌前，每當受挫折時，就拿出來把玩一下，它們是支持我這一生向下走的勇氣**。

小時候的表現，是一個人的原始本性

小時候，人是一張白紙，還沒有被社會玷污。這時他表現出來的，就是本性。如果這個時候，你表現得像個天才，那無疑的，你命中注定就應該要是個天才才對。將來你長大後，如果表現不好，書讀不好，工作做不好，成就也不高，那都是因爲後天的教育和環境害了你。

我媽在這方面是很有遠見的。小時候，她爲了省幼稚園學費，於是拉關係讓我去公立小學裡做「寄讀生」。所謂的寄讀生，就是在教室裡的幽靈人口，你是和大家一起上課，但沒有任何學籍，學校的名冊裡也沒有你這個人。

幼稚園中班讀完之後，沒上大班，我就直接去讀小學一年級了。但是奇怪，小學一年級讀完，我又再讀了一次一年級。那時我不懂爲什麼同學都去上二年級，我卻還在上一年級呢？但我要感謝我媽，因為第二次讀一年級的時候，老師上課都還沒講完，我就知道答案了，同班同學覺得我好聰明，讓我什麼都還不懂時，就先當了一年的天才。這一年的成功滋味，讓我的自信心充飽了多年。不論是數學考二十分，上課被老師甩巴掌，畫圖被老師形容成狗屎，我下意識中都深信自己是個天才，你們這些老師才是蠢豬。

智力測驗要提早準備，別人都還沒準備好，我就先主動攻擊

小時候的輸贏，贏了最多得到一張獎狀獎牌，老師給你摸摸頭，爸媽買個新鉛筆盒獎勵你，同學、兄弟姊妹嫉妒你而已，不像將來上班或人生真實的戰場，戰贏了能得到實質的報酬，如金錢、自由或女人，所以很多人在小時候根本就不會展現真正的實力。就是此時，當別人還沒準備好的時候，正是你先發制人的最好時機！

小嬰兒還在肚子裡時，最好讓他們開始聽古典音樂、ABC，平衡左右腦的發展。滿一歲了要抓周，最好放些鈔票、聽診器、計算機讓他們抓。這對父母和小孩都有好處，能增強雙方的心理暗示：這孩子一生的成功之路不遠了。

國人特別重視智育的表現，爲了讓孩子不落人後，我建議家長去買幾本智力測驗的評量，從小讓他們當遊戲寫，這樣日積月累下來，考滿分、IQ破表，做智力測驗的成績肯定比愛因斯坦還高。有了這張IQ超高的證書，將來小孩讀書、求職和把妹，不管做什麼都有超強自信心。你可以在言談間不經意洩露出來你家小孩的IQ成績，不管是學校老師，或是其他家長聽到了那數據，都肯定要忌憚你三分，若是這爸媽回家對他家小孩又不經意地說出來了，間接地也可以對其他的小孩，也就是你孩子的競爭者，產生打臉的功效。

根據中國人成功的邏輯，小時候是神童，長大了自然就是偉人

自古以來，中國人成功的法則，就是小時候先當神童，長大了自然就成爲偉人。中華文化中的皇帝和偉人，都不是靠後天的努力而成就的，而是生來就如此。五千年歷史裡，也沒有一本古書記載年輕人該怎麼有系統的設定目標和學習。不要問諸葛亮是怎麼學成的，因爲那是命中注定；也不要問他們是怎麼爬上頂峰的，因爲他們是神仙下凡，你只需要服從他們。至於該怎麼變成跟他們一樣？沒有答案，也沒有路徑，這一切都要靠你自己去體會和摸索，那是上天的安排。

中華民族現代的教育，仍然延續這個優良的渾沌傳統。我們不需要有系統的教學方式讓學生培養思考的習慣；不需要讓學生讀他們有興趣的專業，好增加社會的多樣性；教材也不需要隨著時代進步而改變。我們只需要讓所有人都接受一模一樣的教育方式，全部考一模一樣的試，就像實驗室裡所有的白老鼠，讓他們全部注射完全相同的藥物，最後看看是誰存活下來。存活下來的，那就是他了，他是神仙投胎轉世，國家社稷就靠這些人。**這，就叫公平的受教權**。

又因爲我國是天資優秀的民族，所以台灣的大學老師都是上課亂唬爛、不到課、唸課文，讓學生下課自己回家努力K書，自己摸索和體會，才能讓學生養成獨立思考的好習慣。美國人就是因爲數學差、學生資質不好，所以大學老師才必須認眞教課。在台灣，學生來學校上課，老師最好什麼都不教，直接丟考卷給大家寫，然後看誰考最高分。這樣才能在茫茫人海中，找到天生最聰明的人，也就是下凡來的神仙。

每一分、每一秒，都關係到他頭腦的發育和態度的養成，不可浪費

學前教育專家說：「三歲以前大腦的神經不斷的在連結」，這時要多給他刺

激，多給他鼓勵。雖然他連走路都還不會，雖然他還沒開口叫爸爸媽媽，但他的腦中，正在產生小宇宙的大爆炸。他大腦的樹突，就像宇宙的星球般，在這個時候定形了；他的腦神經，就像宇宙間的重力波一樣在腦中快速連結。將來他的大腦會不會像恆星般發光發熱，照亮所有人類，就看這個片刻了，此時非常珍貴，每一分每一秒，都關係到你孩子一生的發展和全人類的福祉。

稍長之後，每天放任小孩玩耍，不逼他學習，兩歲了還不會背唐詩、背ABC，你正眼睜睜的見他輸在起跑點，你正在剝奪他的受教權。小孩的童年只有這一次，若錯過了這大腦發育的黃金期，這一生注定會是個失敗者。

小學畢業，你最起碼要讓他爬上玉山、雪山，他至少要擁有一項發明專利，你若是有錢的話，送他去柬埔寨當志工也蠻不錯的，幾年後，當他準備參加台灣入聯合國模擬會議時，至少可以寫在履歷表上。

總結

小兒目前兩歲了，連把大便大在馬桶裡都還不會，ABC字卡也亂唸一通，ㄅㄆㄇ都倒著看，所有圖形都叫成「圓形」，也無法從1念到9，更別說背「人之初」了……距離各項神童指標仍相當遙遠，似乎已在起跑點輸到脫褲子，與將來考上醫科，進麻省理工學院，再於*NATURE*期刊發表論文似乎無望。

但身為父母的我們，若在此時放棄，也對不起列祖列宗，這時小時候讀過的國文就派上用場，我國教育就這點優秀，絕處能逢生。我決定效法蔣公從溪邊看魚逆流、國父在破廟看蜘蛛吐絲結網不懈怠的精神，盡可能假日帶孩子到野外觀察動植物與昆蟲的習性，這樣在學科上的不足，定可藉由觀察力的培養來彌補，日以繼夜的努力之下，肯定能領悟出無數個偉大的道理，將來要搞學運、談戀愛、求職都能受用。首先今天就去木柵動物園看團團圓圓吧！Let's go!

孩子，你非贏不可！
我不要當魯蛇！

（老公來吐嘈）一定要輸在起跑點的理由

小孩出生之後，始終感覺到周圍親友毫無意義的比較。有時我不知道大家想比較的到底是「小孩」，還是「父母」？或者只是我多想了。

小孩剛出生時，別人最常問：小孩現在一餐吃多少奶量了？體重多少了？一次能睡多久？能睡過夜了嗎？會抬脖子了嗎？會翻身了嗎？聽起來像是別的父母在關心你小孩本身的素質，但其實我懷疑對方關心的不是小孩本身，而是想和「爸媽」比較，想知道爸媽育兒的本事怎樣。

小孩本身的素質是天生的，就像樂透中獎號碼一樣，是隨機產生的，如果你沒買這期，那這期的號碼究竟是幾號，也影響不到你的生活，你還會好奇本期樂透號碼是幾號嗎？不會。但是知道其他父母親的育兒的能力怎樣，順便在心裡推論一下他們日子過得爽不爽，這就像你心中總是有個很強烈的渴望，想知道人家薪水多少，公司福利如何一樣，這倒是比較接近成人世界的習慣。

當你可以用小孩本身的表現來推論爸媽育兒的本領時，這假設的前提是「每個小孩都是一模一樣的個體」，因此在接受父母親不同的待遇時，最後會產出不同的表現，所以只要比較小孩的表現，就可以反推每對父母親的育兒能力的差異。沒學過統計學的人會覺得「**每個人本來就是都一樣**」不是嗎？那是因爲我們從小就在同一套框架裡成長，每個人上一樣的學，讀一樣的書，考一樣的試，這叫受教上的公平。父母也認爲每個小孩心中的第一志願都應該是醫學系、法律系、電機系。除此之外你所讀的專業，都是因爲你考不好。

其實一個族群裡，每個個體都是存在著差異性的，每個小孩的本質都不同。所以同一套方式不可能在每個人身上發揮最大的效果。孩子還小的時候，有人什麼都沒做，小孩自然就好帶；有人很努力學習帶孩子，累得半死之後，小孩還是不從人願。當你知道了每個小孩先天上本來就不同，而每個媽媽的帶法，就算有個大綱，但多少又有不同，所以，小孩最後所產生的結果，一定也是迥異的。

既然每個小孩本來就是不同的，決定這些許不同的原因，是ＤＮＡ的樂透，它是隨機的，所以去比較小孩本身產出的結果，也就不具意義了。但大人間樂此不疲的比較小孩，最可能的還是大人自己所習慣的人際相處模式，從求學、求職時就習慣了的要競爭、要比較，就算當了爸媽，也無法不和別人比較，**小孩只是大人間競爭的假議題，大人在乎的是自己在這場育兒的競爭中究竟贏了別人沒有。**

小孩被爸媽逼著做了這麼多事，學英文、學才藝、讀書考試考證照，他們犧牲了小孩應得的玩耍，但卻沒人眞正關心他們是不是眞的快樂。付出這麼多資源學了這麼多東西，對他的將來眞的有意義嗎？但只要你想通了他們其實只是成人競爭遊戲下的稻草人，也就無須意外爲什麼小孩明明是教育問題的主角，但卻又沒人關心他們。

讓小孩贏在起跑點的心態，像老闆逼員工加班一樣，已經是種全國性的強迫症。爸媽們對小孩們在什麼階段該完成什麼目標，才算贏在起跑點，並沒有絕對的定義，只要不斷贏別人就好。換句話說，這永無止境的競爭，是你讓其他人決定自己小孩該學多少才藝，高分該考到多高，該花多少時間讀書，不是小孩自己或是你本身代理他決定。這種凡事都無法自己控制、不能自己決定，是由別人來決定你的感覺，我想是傷害年輕人的。年輕人要的是獨立的感覺，這讓人得到自信。

自己喜歡什麼能去做它，喜歡哪個女生能去追她，讓心裡所想的和行動合一，並不是由身邊的人來決定，更不是由父母親來命題。

有時候，爸媽很容易就將自己童年時的陰影和「爲了小孩好」這種心情混在一起。希望小孩贏在起跑點，究竟是因爲怕小孩將來沒有辦法在社會上和別人競爭，還是自己童年時恐懼考最後一名。

教育小孩是件很困難的事，一路上有太多的選擇，但我記得這句話，是我暗戀過的人對我說的：

「我希望你快樂。」

讓孩子覺得快樂，比你覺得快樂，來得重要。

一定要國際化的理由

經過我國國民政府與全民經年累月的努力，台灣這大島已成為一個高度國際化的地方。在本島，不論任何大小活動，定要冠上「國際」兩個字，例如台灣國際豬腳節、台南國際芒果節、國際海洋音樂祭，新竹國際馬拉松、國際××展等。

本島島民致力於國際化，可謂上下一心。除了政府會定期舉辦此類大拜拜讓洋人前來朝聖之外，全體國民在日常生活中所落實的努力，也是不容忽視的。台灣大街小巷都能看到全民齊心「國際化」的成果，滿街英語補習班、雙語幼稚園。每年十月底，總能見到洋人帶著一群三歲小孩，穿著奇裝異服，在馬路上逛大街、要糖果。另外如鬆餅、葡式蛋塔、馬卡龍等這些洋人吃的食物，早些年還奇貨可居，但經過多年深耕，現在已經慢慢普及，成為花二十元就能享受到的國民廉價美食，這顯示出它們已在台灣民間扎根的非凡成果。而我國的傳統小吃臭豆腐、牛肉麵、鹽酥雞和珍珠奶茶，在跨國媒體的加持下，也成了國際美食，身價早已今非昔比。

寫這篇文章好像是多此一舉，因爲我們台灣早已經高度國際化，但許多人似乎還是不知道爲什麼我們一定要常喊「國際化」，他們對國際化這口號的必要性還存有懷疑。這篇文章就是寫給那些跟不上時代腳步，不懂國際化重要性的人看的，希望對他們產生教化之效。

爲什麼一定要國際化呢？

洋人都很想來台灣向我們學習，台灣搞國際化，只是給他們一個方便

中華文化博大精深。自古以來，中國就是世界的中心，世界四大發明，至少也有三樣是咱中國人搞出來的。中國的科技相當進步，而且中國人特別重視禮儀，是禮義之邦，國人們對洋人的禮數也就特別周到了。只可惜自一九四九年後，台灣海峽以西已經徹底淪陷，至今仍無法 Google 到該國的資訊，因此不適合人居。還好台灣是復興基地，我們既保有傳統中華文化，又有現代自由民主的優點。所

以現在洋人都爭相來台灣學習人類文明中最美麗的瑰寶——中文，他們白天到大學裡學習中文，晚上到夜店和辣妹聊民主政治，他們同時在本島的「文化遺產」和「現代民主」中浸淫著。

我們會在捷運站的廁所、公車站牌、東區夜店的菜單上加註英文，大街小巷都有洋人吃的早午餐，俗稱「布朗趣」，而台灣人從小就取好了洋名，我們每個人都至少認識三個 Jerry、四個 Jennifer、五個 Alice、六個 Rick、七個 Tom……說來說去，都是為了造福這些洋人，使他們在我國作客時溝通無障礙，讓他們有回到家的感覺。這充分顯示出我們大國的風範和氣度，讓他們來台灣朝貢，向我們學習新科技，文明和禮儀的時候比較方便。

我們台灣人的英文非常好，國際化只是順便

國際化，就從在街頭幫助迷路的外國人開始。小孩從小學英語，只要搞好英語，那國際觀自然就有了。我們的對手不是剛崛起的韓國人，也不是團結勤奮的日本人，而是地球上的貴族——美國人，只要我們把英語學好了，到時我們的國民肯定比美國人優秀，美國人只是英文好，但他們數學爛，而且一點國際觀也沒

有。

台灣人民的英文程度很高，因爲小孩通常打娘胎裡就開始聽ＡＢＣ，幼稚園就學會了 Fine thank you and you? 等英文會話，入國小前便考好了全民英檢。島內小學、國中到高中都設英文爲主要科目，凡有掛雙語教學招牌的實驗學校，家長們更是搶著巴結校長主任，想進去卡個位……一切努力，都只爲了讓孩子學好英文，建立他們的國際觀。

從城市到鄉村，滿街都是英文補習班，全民考英檢，等你考完了托福，又跟你說人家現在不承認托福了，那你就再考個雅思吧，反正舉手之勞！手中持有數張「皇家認證」的英文證照，在台灣是極爲普遍的事情，大家靠著這些黃金英語證照，求職時也加了不少分，加完分之後，大約值每個月22Ｋ。由此可見，國人學英文的風氣相當興盛，我們起跑得比人家早，考試也比別人多，所以我們的英文程度普遍比日本人好。我國會如此自然地走向國際化，其實只是因爲我們本來就有這個語言能力的資源，順便而已，把我們本來就會的東西加以應用出來，不會花掉太多額外的時間和資源。

我們能將自己的需求置之度外，但特別在乎國際上看法

本島自然環境破壞嚴重，清境農場等高山地帶，原應爲水土保持重要地區，但都能蓋大量違法民宿。可見國人可把自家地貌破壞殆盡，威脅下游居民生命財產安全，破壞野生動物棲地，使物種滅絕也在所不惜，但非要建出歐式牧場、山坡草原、小綿羊放牧的阿爾卑斯山童話夢境，每年吸引大批外國遊客參觀這奇景，這叫「國際觀光勝地」。

我們的觀光夜市上過CNN，但走進去後才發現規畫不當，沒有停車位，沒有殘障人士專用的通道，攤販占用騎樓，在騎樓洗碗，用毒澱粉加料的食材使人生病，起鍋前再加幾大匙味精欺騙消費者的味覺。周邊住戶也受夜市人潮影響，夜市搞得大家生活品質低落，但政府卻把這當成「國際級」的觀光資源來宣傳，每年吸引大批外國遊客，使全民備感榮耀。

物價上漲，房價飆漲，但年輕人薪資卻倒退十幾年。青壯年勞工被老闆以責任制奴役，不敢生小孩；年輕人領22K，可謂民不聊生，政府都不管你死活啊！但只要國際學者一呼籲啥大小屁事，我們政府就馬上照做，這充分顯示我們政府

與國際接軌的程度。

凡台灣有人出國比賽得了名，或是和台灣扯得上親戚關係的美國人在ＮＢＡ屌了，那他就是台灣之光，咱全台灣的人都光榮了。但你出國旅遊大便不沖水，在五星級飯店大廳裡穿著家居服閒逛，傳回島內之後，你就是台灣之恥，使大家蒙羞，害島民們在自家大街上只要一看到洋人，都要覺得自己矮人一截。

偏鄉小學缺乏資源，學童沒營養午餐吃、早餐沒鮮奶喝，卻沒人關心，反正國際上又看不到你們這幾個鄉下人。但國人特別關心今天桃園機場馬桶通不通，天花板漏不漏水，只因那是有礙國際觀瞻，最怕淪爲國際笑柄。

學生們從小整天就補習考試忙著升學，他們連運動、閱讀課外書、唱歌跳舞、把個妹的時間都已經沒有了，但學者還是要講我們的大學生不夠「國際化」，馬總統也說我們年輕人的托福考太差，怎麼夠「國際化」呢？

我們就是不需要知道怎麼做，才能讓自己的文化更穩固，也不需要思考自己的國家和國民需要什麼，只需要看外國人怎麼做，你再跟著做就對了。看外國人英語好，你就得要英語好；外國人喜歡看什麼，你做什麼給他們看就對了。

台灣人早有了全球公民意識，習慣把國內事務放在全球格局裡思考

我國的各種指標，從經濟、企管到個人競爭力，一向都用國際級的瑞士洛桑管理學院所設的標準來當評比的準則。

你讀書很努力，從小學起就把隔壁的同學當成十年後職場上競爭的假想敵，你從小學就開始犧牲自己的玩樂時間，每天補習到九點，三餐在外吃便當，爲的是要幹掉他，拚升學，考上理想的大學。結果，終於你隔壁的同學大學聯考落榜了，所以爸媽送他出國讀書。你留在國內讀大學，再繼續拚升學，下了課去補習，終於考上研究所，苦讀畢業了。但你這位落榜的朋友，最後風風光光的從海外學成歸國，人家讀的是常春藤名校，還電腦、生化雙主修，英文講得又比你好，不好意思，在公司裡，人家還是比較秋。

不管你在島內再怎麼苦讀，犧牲了多少自我，如何壓抑自己的興趣，努力讀書，但那最後的專家，永遠都還是說英文的外—國—人！公司裡那些主管，英文說得溜，喝過洋墨水回來的，頂著嚇死人的名校光環，每天笑咪咪，好像上班上得很快樂，這就是美式作風呀！而且他一定會升得比你快。這就像甜甜圈嘛，一

種單純的食物，我們台灣人也會做的，但從美國輸入台灣的甜甜圈，就是能讓人死心塌地去排隊，這都是因為我們的國民非常國際化，大家心中緊緊抓著不放的，用來衡量是非善惡、能力高低的那把尺，早已經是洋人那套了。

總結

雖然台灣早已成為高度國際化，但這種事猶如逆水行舟，不進則退，國際上有多少國家啊，稍有不慎別人流行起新玩意，而我們沒跟上，那就不國際化了，所以我們要隨時保持戒備，建議大家看電視時，可以用母子螢幕，大的就播《娘家》闔家觀賞，小的可以選CNN、NHK或BBC等國際媒體，讓我們隨時保持警戒，走在流行的最前線。

對了，小兒上個月也已經滿兩歲了，應該開始準備考英檢了。

一定要侵占國土的理由

之前苗栗縣長劉政鴻的弟弟劉政池捲入了竊占國土案（注），在陽明山上蓋別墅的新聞天天上新聞版面；同一時間，紀錄片《看見台灣》爆紅，也點出清境農場濫墾的問題。這兩個事件喚醒了國人對於國土保育的重視，每個人談起這些疑似侵占國土的行爲，都會罵個兩句，顯得自己正義感很夠。但我覺得多數的國人其實沒資格指責他們，因爲找關係、走後門、占便宜本來就是本島文化的一部分，而且他們的手法非常聰明，眼光也很高，選的都是最好的地點，只是目標太明顯，或是親友得罪別人，剛好被逮而已。

幾週重複的新聞看下來，我已覺得噁心，但我彷彿聽到上帝跟我說了悄悄話，從他們身上，我看到了新的藍海商機。爲了答謝長期以來支持三分鐘熱度的朋友，今天就特別藉出書的機會告訴大家「一定要侵占國土的理由」，照著做肯定大富大貴，但如果被抓了也不要氣餒，你只是運氣不好，關個十幾二十年出來後，再幹一次，成功的或然率自然就高了，請繼續看下去。

占用騎樓是很好的開始

在你正式踏出侵占國土的第一步之前，首先要克服心理障礙。這不難，請仔細觀察自家樓下的騎樓即可。理論上，騎樓爲屋主所有，但必須留給行人使用，不過在台灣，人人都拿來停車、做生意，小小的一個騎樓，路人要走，老闆也要在騎樓剁生肉、洗大腸，最後只剩下可供一人通過的小徑。雖然推嬰兒車、坐輪椅者也算行人，但卻無法通過，這明顯違反人權，但從無警察取締，也無行人檢舉，而且全台灣幾百萬個騎樓，大家有志一同。

這就表示占用公共空間，這種豆腐只要是公民都可以吃的！你不需要覺得有罪惡感。現在就快到花市買一批盆栽，擺在自家的騎樓。若有人想將它挪開，記得寫紙條警告他們，說要告他們毀損財物，記得盆栽要澆水、施肥，長得越旺盛越好，最好還結果子，代表這個位子有人顧。幾個月後，沒人敢跟你搶這騎樓空間，你第一步踏得這麼穩健，那離成功也不遠了。

越是別人想不到的地方，你越要去占

既然你已經占了騎樓，等於摸了人家的屁股，但也沒人叫，那你就不要客氣了，既然已經得寸，那一定要進尺，不上白不上！

再來是選地點，一開始就瞄準好目標，立定志向，持續耕耘。你要知道，清境農場也是剛好被《看見台灣》點名才出包而已，幾十年來，也才爆紅了一個《看見台灣》。所以，當你侵占國土，你會被抓的機率極低。別猶豫了，快想好地點吧！

行政院和立法院在太陽花學運後肯定提高警戒，先不予考慮，總統府、軍事重地、監獄也是很好的選擇，但難度稍高，建議你先去選總統，會容易些。

其實不瞞各位，我最中意的地點也是國家公園。在國家公園裡，走路要戰戰兢兢，不小心掉了個菸蒂，小孩拔了根草，自己的狗大了便你沒看到忘了撿，都要被罰錢的，但誰想到國家公園裡竟能蓋個豪華大別墅？而且我們從小就在課本上教育小孩，說那是個神聖不可褻瀆的自然環境，所以你在那裡開民宿，大家都會覺得那一定是合法的吧！台灣國家公園這麼多，玉山、大霸尖山、太魯閣等風水奇佳的地方，可供你竊占的地方一定相當多。講到這裡，你選好哪一個國家公園了嗎？

好位置就在最危險的地方

台灣是美麗之島？是的，在侏儸紀時代。現在的台灣山林是個危險的地方，下個雨就爆發土石流，動不動就出人命，整個村、整輛遊覽車都不見了，拜託政府就別再推什麼觀光來害人了吧！像清境農場海拔這麼高、交通不方便、地質不穩定的地方，也能成爲繁榮的商業區，有誰會想得到敢在這裡開豪景旅舍的，卻是不合建築法規的民宿？

事實上，這些民宿業者選址的原則很容易理解。因爲古有明訓：「越危險的地方，就是越安全的地方。」土石流常出現的山坡地是很好的選擇，別人也萬萬想不到你敢這麼做。別說我沒提醒你，去駐紮前，要記得準備死裡逃生小包包。

中國人最不喜歡擋人財路，自然環境爛了，河流髒了，山垮了，核廢料放人家蘭嶼沒關係，因爲自然環境不屬於任何人，未來如何，永不永續也沒關係。反正侵占國土所得的龐大利益，不久後就可供我移民了。只要再撐幾年，在我投資還沒全回本前先不核爆，等我賺飽了，一切對我都沒差。

官員很好賄賂，但也別忘了里長和所長

看到這邊，有些人仍覺得信心不足，猶豫是否該跨出第一步，怕的就是被檢舉，我說你眞傻，看到電視有一、兩個倒楣鬼被抓，就覺得自己一定也會被抓？做人該正面一點，像劉政池的案子，據報載早在九十三年政府機關可能就已經知道了，卻沒有追究下去，直到一〇二年大埔案爆發後才讓他上電視。這則新聞的重點不是他一〇二年被抓，而是「他過了近十年才被抓」，被抓到的機率實在低到不行，而且也能看出來，政府官員的心態其實跟我們一般人很像，只要沒人去抓它，那就表示它一定是合法的；同理，對公務員而言，只要上頭沒說這裡要去查，正常公務員絕對不會想主動了解這開發是否合法。

偶而會有幾位認眞查案的官員，但也別怕，前陣子不是有報海關集體收賄嗎？你就知道準備一些現金買通他就行，如果官員覺得錢不夠，你就再找幾個小姐給他幾次性招待。再不行的話，就找民意代表、拉關係來施壓。不過別忘了，在地的里長和警局所長也是需要照顧的，他們整天都坐在門口抽菸聊天，或騎機車閒

晃，因爲過慣了沒人管的日子，行事風格可能會比較接近地方的土霸，所以有時他們比習慣拍上級馬屁，坐辦公室的官員還難纏，我建議應該讓他們插乾股，打通這層關係後，我只能說你萬事具備只欠東風了。

占用國土好處多多

心理建設做了、地點選好、相關人員也打通了，你幾乎已具備發大財的所有條件，既然占用了國土，不大幹一票怎麼行呢？以下提供一些可以做的商機，供大家做參考。蓋民宿、當停車場、地下倉庫、放水塔、傾倒廢棄物、露營場地……等都是不錯的選擇。若你選擇蓋民宿，在清境農場的那幫朋友早就提供了完整的know-how，建議你沒事就去找他們聊天，加入產業工會也是不錯的選擇。

大家一起做，就有膽，就地合法機會高

大家應該都有這種經驗，自己到某個地方想停車，卻發現整排空蕩蕩的，心裡覺得有詐，因此改往他處停放，但若是三五好友一起來，就直接給他停下去了，一點都不會有問題。若你要複製清境農場的成功經驗，建議你廣結善緣，好康道

相報，人多膽子自然就大了，做起事來也踏實了些，多找一些人來蓋民宿。記得要成立協會，找民意代表來當榮譽會長或顧問。

在清境農場此等自然環境艱困的風景區，雖然很多民宿都不合法，但大家都是一起做的。你蓋南法，我就蓋北歐；你蓋奧地利，我就蓋黑森林。反正都不合法，但衆志成城，最後仍然會形成一種人定勝天的正面力量，產生群聚效應，照樣吸引大批國內外遊客，大家開心，一片寧靜美好，歌舞昇平，人羊合一，生意照做，照賺大錢。而且若是爲了拚經濟，你所做的任何事在本島永遠是對的，只要你心存正念，心中常默唸：「全民拚經濟，台灣加油讚！」你的事業定能長長久久。

總結

講到這裡，我也不禁興奮了起來，這麼大的藍海商機，怎麼之前學校都沒教呢？可惜我天性膽怯，這幾個月以來，光停機車在別人的騎樓就被商家上鎖、放氣消風，讓我退卻三分，但我相信總有一天我會成功。

我的目標是在玉山山頂出租飯店式小套房給登山客住，撫慰這些旅人疲憊的身心，一年約有好幾萬人登上玉山，懂了嗎？這商機無限大！

注：二〇一三年十月，台灣發生苗栗大埔土地徵收案，學生、民間團體大規模聲援住户，苗栗縣長劉政鴻於本案的做法、言行、正當性立刻被全國媒體、網民仔細檢視。數週之後，劉政鴻的弟弟劉政池又被媒體爆出在陽明山國家公園內蓋豪宅，有侵占一千八百坪國土之嫌疑，該案在本書出版前已開庭，而劉政池並不認罪。

（老婆也有話說）一定要侵占國土的理由

前一篇〈一定要侵占國土的理由〉，是老公的內心存在已久的想法，也許他心中眞的有這個夢想，但卻很好巧地用我最恨的「占用騎樓」來做開頭。台灣就這麼一個小地方，一大群人生活在擁擠的城市裡，每個人都想要多占用一點空間。

在我所居住的新北市，時常看到攤販占用騎樓的程度之稠密，連路人等紅綠燈都得擠到馬路上，路人中總有老弱婦孺，此舉不但讓行人危險，也讓車子不得不減速，車流量多的時候，馬上造成交通堵塞。占用騎樓這件稀鬆平常的事，其實無形中偷了所有人的安全和時間，但這些眼中只想賺點小錢的攤販總是看不到、貪小便宜的顧客看不到，還有警察也看不到。

其實我也曾經是麻木的路人甲。若不是我成長了，必須推著小孩坐嬰兒車去買菜、跑銀行、郵局、全聯社等，也無法感受到原來一個靠輪子行動的人，出門有多麼辛苦。奇妙的是這些攤販占著騎樓做生意，無非也是希望路人經過他的攤子前，聞香駐足之後向他買碗雞肉飯，但騎樓早被攤販搞得噁心不已，路也不平坦，誰又會想經過呢？

以前對騎樓不平或是被占用，我覺得那很好解決啊，只要你請別人幫忙你抬或移動一下就好。但自己體會過後才知道，爲什麼這麼單純的事情，只是想出個門買東西，我們都必須要求人幫忙，看人臉色才能做成呢？能夠獨立地完成日常生活基本需求，照顧好自己，其實攸關一個人的自尊和自信，應該是每個人的基本人權才對。

前陣子 7-11 因爲關東煮的毒澱粉事件，慘遭社會大眾圍剿。我其實也寫了一篇〈不要去 7-11 的理由〉，但一直無法完成，也許是因爲我內心深處是喜歡 7-11 的。不要去 7-11 的理由包括東西貴、而品質也不一定有比較好。但相比之下，台灣隨處可見的攤販，特別是占用騎樓的那些傢伙，在路邊洗大腸、剁生肉、用一個臉盆和柱子旁的水龍頭，就可把大街當廚房。他們所生產的「美食」，你相信品質眞的有比較好一點嗎？也許他便宜了十幾元，但這廉價美食，並非來自良心、人情味、或是台灣人苦幹的精神，那只是來自於他偷走所有路人的用路權，而回饋一點給你的。

比起占用騎樓的攤販，7-11 有免費廁所、免費冷氣和桌椅、有些還有免費的 wifi，而且 7-11 的騎樓，永遠不會有他自己的廚房或任何生財工具。大家對財團沒好感，認爲小吃、夜市、攤販才是台灣人之精神和美食之所在，但我卻認爲「台灣之寶」是 7-11，它無所不在，而且在擁擠瘋狂的城市，它總是願意給無數焦急、疲憊、忙碌的過路人一點點的方便和友善。在店裡，買根十幾元的關東煮，你就能打個尖，坐著休息一下，享受冷氣和片刻的平靜，這種氣度和體貼，是許多富有「台灣精神」的頭家們想都沒想過的。

一定要自助洗車的理由

寫在前頭，如果不是老婆，我可能永遠不會接觸自助洗車這個領域。

老婆平常沒上班，據她所言，家務繁重的程度，絕不亞於我在外面朝九晚五。但即使有空，要她把車子開去整理乾淨，簡直是不可能，我懷疑她大腦皮質上的構造，可以直接把車上那些髒亂畫面過濾掉，她本能上覺得車子很乾淨。這個惡習，噢不，是生理徵狀，其實在婚前早有跡可循。

記得剛認識老婆時，她住彰化，有一份穩定正當的工作，每天都會開著她的紅色 Suzuki Escudo 去台中上班，週末我找她約會，她都會開車到彰化火車站溫馨接送。還記得我第一次坐上她車子時，心中小鹿亂撞，難掩興奮之情，嘴角還掛著微笑，絲毫沒有被滿車的雜物、數十個喝完未丟的飲料瓶罐、紙盒以及座椅下發霉的麵包所影響，而且她說每天上班忙碌，車子一天只開兩小時，又急著來接我，當然沒時間整理。這種說法多麼合理，那時我只當車子是約會的工具，並不那麼在意它的整潔，但萬萬沒想到，現在我家的車子也是這個樣子。

在職場上，大家都知道換了位置就會換了腦袋，婚前、婚後也是一樣的道理。婚前女朋友很獨立的，從抓蟑螂、搬家到裝 ikea 的櫃子，凡事她都可自己完成；但婚後很奇怪，她突然變得什麼都不會，凡事都要我來完成。洗車這件事情，我要求的不多，找個時間開到自動洗車道就好，但這小小的願望，在老婆開始變得不獨立，以及總是認爲車子非常乾淨之前提下總是無法達成。她永遠看不到車頂上的鳥屎、滿車的黑灰、皮椅上小孩的腳印、幾週前出去玩吃剩的食物、還有她之前進車庫時側門 A 到轉角所留下的傷疤，總之我決定當個正港男子漢，自己來洗車。

就這樣，我進入了自助洗車界，這方式介於自己洗與機器洗之間，最符合我的需求。聰明的讀者可能發現了，前面都與本文無關，接下來講自助洗車的好處，才是本文的重點。

便宜

第一次去自助洗車的朋友，可能會面臨一種窘境，你以為跟自助餐一樣，會有人發餐盤招呼你，卻發現停好車，站在原地五分鐘後，老闆都沒來理你。要知道，「洗車界」與「自助餐界」的習慣是不同的，自助餐雖名為「自助」，但其實是找店員幫你夾菜，所以是騙人的。但車子的自助洗則是貨真價實的「自助」，凡事你都得自己來。這應是車界普遍認為開車的人都比較有男子氣概，比較勤勞，而且自尊心都特別高，對於愛車的大小事，車友們通常不想假他人之手。只要明白這點，對於無人招呼一事，你就不會這麼憤憤不平了。

趕緊遙望一下四周，通常你會發現有以下五種武器供你選擇：高壓水柱、泡沫、清水柱、吸塵器、高壓空氣噴射烘乾，一律採投幣式，一次一種只要十元，可以使用的時間則依各店家老闆良心大小略有不同，由0秒至2分鐘不等，請大家到網路討論區跪求大大分享心得，即可略知一二。每次的花費，由十元到上千都有可能，視自己帶的硬幣數量以及機器是否咬錢而定。

有無限的選擇

剛接觸的初心者，面臨五種選擇時總會不知所措，但別慌張，多數人的初夜也是如此。只要跨出這一步，不論結果如何都代表你成長了。一般而言，照著高壓水柱↓泡沫↓清水柱↓吸塵器↓高壓空氣噴射烘乾等順序進行即可。初期你因為不熟練，可能每個步驟都要多投幾次硬幣，那是正常的，像我第一次就花了好幾百，後來熟練了，使用順序則可以隨意排列組合，高壓水柱與泡沫交互使用，別往車內噴就對了。姿勢也很重要，是效率的問題，能像鄭多蓮那樣律動最好，建議同時播放謝金燕的〈姊姊〉，聽到跳針的段子就停在某處，來回扭動，該部位即特別乾淨。

一次同時使用五種武器，則是你進入自助洗車界的終極目標，只是我還沒見過有人達成就是了，太簡單的話也沒意思。這段講得很玄，別慌，告訴大家一個我研究多時的心得，你只要把握一個原則：灑完泡沫後接著用水清洗乾淨再走，別反過來先灑水再噴完泡沫就走，就不會有人把你當傻B，懂了嗎？

自信和成就感無限大

如果只是把車子洗乾淨而已，那這篇文就白寫了。多洗幾次後，你會發現，不單是汽車，還有機車、腳踏車及嬰兒車也會來自助洗車，雖然大小有別，但各位洗車時的專注則是共通點，彼此用眼神溝通，互相打探對方的技巧與底細，學習熟練度，觀察泡沫如何噴得均勻、洗得瀟灑，有些人還會自備抹布、水桶、牙刷，來清理死角，都是種牛Ｂ的表現。根據我的經驗，若自帶發電機，插電後打蠟，那帥氣的程度絕對電爆其他洗車友，不被叫大大也難。穿著也是很講究的，建議你穿著掉噶啊內衣和短褲，洗到衣服溼了，透點了，氣氛打熱了，再脫下它，露點、秀出自己的身材，循序漸進。

總之，**自助洗車廠是個充滿正向能量的地方，磁場異常強大，在這裡，我看到年輕人的執著、中年人的不認輸，還有老年人的堅持**。當你走完這個流程之後，車也洗乾淨了，男人開著閃亮的車在路上奔馳，就像女人買了新的名牌包，在公車上壓倒其他ＯＬ，貴賓狗從美容院走出來趾高氣昂的樣子，人就這麼變帥了。這種自信感是洗車道或開去給人汽車美容這種撿現成的洗車法，所無法獲得的。

放鬆心情

記得第一次去自助洗車時，受到旁邊車友時不時的眼神關注，好像欲言又止，讓我覺得很窩心，但現在回想起來，應該是當時我技術不佳，高壓水杜與泡沫不停的往周遭散射，導致他們明明洗好了還得重洗，所以洗得跟我一樣久。

自助洗車看似簡單，花費極少，但其實想要洗得乾淨，需要經驗的累積。第一次去洗時我就花了不少錢，而且發現並沒有比較乾淨，水漬、油污還是卡在該卡的地方，久了熟練之後，除了技巧提升、車子整潔度提高，還會與現場的朋友們培養出一種默契，即使洗車廠內同時有數十支高壓水杜在飛舞，都會很巧妙的避開對方，這應該就是一種禪的境界吧。

人生有很多事是「過程比結果重要」，自己動手把車上的髒污洗掉，其實也是一種紓壓放鬆的方式，但這點女人是不會懂的，從洗車場裡大多都是男子漢，你就可以得到這個結論。

總結

看完這麼多一定要自助洗車的理由，你一定心癢難耐，這週末趕緊找一家洗車場練習一番吧！最好是找投幣機故障，踢幾腳就可使用的機台，踹腳的那瞬間，會讓你看起來更狂傲不羈，但要特別留意是否有監視器或警民連線裝置，若有也莫驚慌，洗快一點就好。

切記，在還沒熟練如何操作洗車場各項武器前，先別攜女伴同行，因為你那笨拙的洗車動作，會讓你看起來很愚蠢。

〈後記〉

永遠要寫部落格的理由

現在回想起來，「三分鐘熱度」部落格會累積到千萬人氣，純粹是一種偶然，我們在此呼籲，若你沒有特殊目的，千萬別寫部落格，因爲這其中所耗費的時間與資源絕不容小覷。

「三分鐘熱度」的第一篇文章是在二〇〇九年六月發表，當時我只把部落格當成記事本，每月以相當保守的一篇文章刊登，獲得每日10到30左右之人氣，但其中約有7～20個是自己點的。雖然名爲部落格，但其實卻是寫給自己看的日記。

眞的開始密集發文是在二〇一〇年的十二月，那時身處陌生的國度，身無分文可購物療傷（Retail Therapy）、也無法大吃大喝出去玩，但很奇妙的是，我們發現寫部落格，居然可以麻痺自己，而且比起購物、喝酒、吃大餐；出去玩，它非常便宜，只要有時間即可。而且我意外發現，只要我一直打下去，我就會忘了傷痛，而且還會和我們熟悉的世界（台灣）有更多連繫。後來發現眞的有網友上勾來按讚，接著老公幫部落格取了一個很酸的名字「三分鐘熱度」，因爲以前他媽都罵他「做事半調子，三分鐘熱度，嘸效啦！」，從此我的部落格，就正名爲「三分鐘熱度」。

雖然我才是部落格的主角，但最多人點閱的卻永遠是老公寫的「不要買○○××的理由」，因爲他下班回家都在逛Mobile01，每天放話要買新的3C產品。當年大家在美國瘋狂幫親友代購**iPad2**的榮景，搞得我們也心癢難耐，但因爲實在買不下手，爲了要有理由說服自己不買，另一方面也由於他看不慣每天中午刷**iPad 2**的同事，想靠著醜化他們來安慰自己，所以有了〈不要買**iPad 2**的理由〉這篇文章。這篇「不要買」的首發文，受歡迎的程度出乎我們的意料之外，我們也意外發現「不要買××的理由」系列文章，對必須要持續發文的部落客有個好處，那就是產品有千萬種，每天先恐後地不斷上市，只要你自己不覺得膩，你永遠不怕沒有梗。

但部落格的讀者開始大幅成長，而且被家人朋友們定型爲「健康家庭部落格」，應該是〈責任制，阻礙國家社會進步〉以及〈尾牙不要叫員工表演的理由〉

這兩篇文章，在臉書上被轉載之後。寫這兩篇文章的動機，是因爲羨慕一些硬底子的的部落客，如王大師和彭明輝等人，於是我也想轉型成言之有物部落客，既然是生活綜合部落格，應該可以做點事，假裝關心這社會，因爲勵志專家有教過，凡假裝久了之後，也就成爲眞的了，如此應可爲下一代營造更好的生活環境，期盼以文字的力量，影響大家的決定，帶來正向的轉變。

至於出書的契機，我曾說：「這年頭出書沒什麼了不起，特別是部落客，而且出版業是夕陽工業，它若是來拜託我出書，我還不要呢！」二〇一三年六月回國，圓神跟我初談到出書的可能性之時，意外地瓦解了我的酸葡萄情節。我深思熟慮約有十分鐘這麼久。這次，我選擇成長了。我從一個網路酸民，蛻變成一個能給人承諾，並實現承諾的成年人。

能完成這本書是令人愉快的事。寫部落格四年了，這四年中，我從一個非自願失業的勞工，成爲一個剛入行的家庭主婦，現在又變成兩個小孩的媽咪。寫部落格，很意外地，讓我這「家庭主婦」的生活和社會上的鄉民們緊緊相繫不脫節，而且腦中的想法比上班時更不羈了，於是我的人生，還不算完全淹沒在尿布餵奶、打掃家裡和張羅三餐中。和老公一起完成這本書的興奮之情，有如達到兩人一起養育小孩的使命，看著這本書眞眞切切地出版，我心中湧現有如看著大寶第一次把大便大在馬桶裡的那種成就感，所以這本書也可算是我們的第三個小孩吧！

這本書能夠完成，要感謝淑惠、薇薇和婆婆。感謝她們給孩子們最妥善的照顧，讓我能專心的每天當個低頭族。還有各位網友、噗浪上的朋友，陪我閒聊，讓我在忙碌且無書想讀，閉鎖的全職媽媽生活中，還能產生不同的想法，最後完成了這本書。還有時常來串門子的鄰居LEO哥，負責上班的老公，每天帶回辦公室同事的抱怨與八卦。書裡絕大多數的點子，都是老公提供的。老公每天回家，總是忘了先問我這一天過得好不好，就興奮地說：「你知道嗎？今天我和同事聊blah blah blah……妳可以幫我把它寫在部落格上嗎？」

「三分鐘熱度」部落格從四年前在異鄉的困頓中，爲癒療而生，現在漸漸地成爲我的日常生活，它記錄了我們家某個部位的點滴，也陪伴我們四口一起成長，只要我還當家庭主婦一天，「三分鐘熱度」就會繼續ㄍㄧㄥ下去。

開放 call-in：關於你想知道的那些事

開放call-in：關於你想知道的那些事

Q：寫部落格不是很辛苦嗎？一天到晚要寫免費文章讓人罵，你又賺不到錢，能成功的還只有寥寥數人。你是因為沒別的事可以做了嗎？不然為什麼要寫部落格？

A：我會開始寫這個部落格，是因為當年正好遭逢人生的打擊，要轉移傷痛，鼓勵自己用的。當時我曾嘗試過各種療法，包括夏威夷旅遊、心理諮商、寫部落格、每天運動等。前兩項花了大錢，而且剛做完時似乎有些療效，但下個月看到信用卡帳單之後，傷口又爆裂了。

後來我經過實驗證明，發現寫部落格止痛的效果最好，因為發了文總會有些人來看，我就整天監視文章有多少人氣值、臉書上有多少人按讚，當有人留言罵我時，我就和網友對罵，所以自然而然就沒去想不快樂的事情，雖然也許那時的傷仍然深埋在內心深處，但還是要感謝各位網友，陪我走過來了。

所以現在我對來讀部落格的朋友，都還是抱持感恩的心。就算大家留個言罵了幾句，轉念一想，其實也沒什麼大不了。

Q：你們這些男人怎麼不帶帶小孩看看？沒試過就別說女人在家顧小孩很閒、過得很爽，成熟點好嗎？

A：我保證，這個世界上覺得老婆過得很爽的人，絕對不只我一個。老婆正是所謂的「人妻部落客」，你看看她在寫在部落格上的東西，購物、煮飯、沒事還能喝下午茶，這不是爽是什麼呢？

Q：敢問版大您是用什麼身分（什麼資格）撰寫那篇〈不要讀企管系的理由〉?!

A：鄉民。

Q：拜託版大也寫一篇〈不要讀法律系的理由〉，救救根本不了解狀況的高中小朋友吧！法律系現在就是慘，未來只會更慘而已

A：我知道我寫「不要××的理由」可能讓很多人心生不滿，你是要害我被唸法律的告死吧？

Q：可否寫篇不要用臉書的理由？

A：不要用臉書的理由不勝枚舉，但其實你只需要一個理由就夠了。比方說，最近有個多年未連絡的朋友，透過臉書找到我，跟我說他有急事。我點他的名字一看，馬上看到他剛更新的結婚照，接著他發訊息問我地址，沒多久，我就收到他的喜帖。戒之慎之！

Q：請問你不是全職媽媽兼家庭主婦嗎？應該很忙吧？怎麼會有這麼多時間寫部落格？

A：全職媽媽兼家庭主婦很忙是事實，寫部落格很累也是事實，但寫部落格自有其可貴之處，使我無法放棄這份興趣，比方說，你不出門，只是坐在電腦前面，就能得到許多讀者的留言，讓我們瞥見世間不同人的智慧。

關於我為什麼會有這麼多時間寫部落格這個問題，請讓我借用其他讀者的留言來回答你，以下摘自本板讀者 samjun 的留言：

辛苦的等級：兼差＞職業＞家庭，家庭主婦肯定是最輕鬆的！

女人有本事就去賺錢養家啊，讓老公在家裡整理和管錢。

Q：久聞三分鐘熱度夫妻曾經住過國外，我目前也是。我因為工作關係外派紐約，於是一天到晚有親戚朋友想來找我玩，順便住我家。偶而一次還好，但久而久之就覺得非常厭煩，因為要不斷陪他們去玩，玩一樣的地方，一直去outlet購物，我自己也會忍不住買，感覺生活一直都處在玩樂與購物之中，相當不真實。有沒有方法可以叫他們不要來，卻不會傷害大家感情呢？

A：真是恭喜你了，紐約是個偉大的城市，若我有朋友住那裡，我也想去找他當免費導遊。而且聽說連不怎麼樣的旅舍都要二百美金一晚，你家又可充當免費的民宿。通常這種事情是呷好道相報，只要你對來者不至於太壞，人潮自然就會一直湧入你家。

一開始要搬去紐約時，你就應該要低調些。但是很難。一般來說，大家要出國工作或留學，都是大宴賓客慶祝；就算你想默默離去，但父母也會一直跟不相干的人說漏嘴。

但因為你去的地方是紐約，還是有個轉機。你就跟親友們說，說你在紐約混得很不好，當地消費太高，所以你日子過得很貧苦，那親友們也怕造成你的負擔，或是一不小心，來紐約他們還要接濟你幾百美元，或是請你吃飯，那會飛來吃喝玩樂的旅客自然就少了。不過，這並不會折損你的面子，親戚們的內心深處往往還是會很羨慕你，他們覺得紐約的貧民至少還是會講英文，仍然比在台灣的平民高尚些。

Q：我覺得你寫的不要買的產品都是很好的產品，為什麼你可以強寫出這麼多不要買的理由？

A：寫部落格這事和寫公司、學校報告差不多，不要想太多，只要你為了寫而寫，你就能寫出東西來。

產品是看人用，每個人觀點不同，需求不同，自然對產品的評價也不同。只要想通了你的觀眾是全世界的網民，而這世界上永遠有很多不同的人時，那你寫的缺點總是會迎合到某一批人，那也就沒什麼不可寫的。

Q：很多朋友常常說我在家裡當家庭主婦，整天顧小孩不用上班很幸福，但其實我很累。不論跟這些沒當過全職媽媽的人講什麼，他們都是不會聽懂的，感覺就是吃了記悶拳。請問三分鐘熱度有沒有辦法可以抒發這種心情？

A：其實當別人酸你不用上班，是嫉妒你。做人能這樣想，那很多無謂的煩惱就會自動消失，日子也就輕鬆很多了。

當別人胡亂羨慕你的時候，我們不用感到被人婊了，而是要同情他。因為心態決定感受，當對方說你不用上班很幸福，暗示著他的心態「覺得」自己正在上班很不幸。人並不是真的苦，而是當他覺得自己苦的時候，那才是苦。

但全職媽媽不是自己的心態苦，而是他媽的真的很辛苦。

Q：你們「不要買」系列文章處處有梗，理由充滿邏輯與說服力，腦波弱的只要看一段就忍不住打消購買的念頭了。有沒有考慮轉作購物專家？相信這種功力用來貶損敵營，推銷自家商品應該非常強大。

A：謝謝你的建議，而且你真識貨，我從小在購物狂組成的家庭長大，所以我絕對有潛力進入購物圈。而且購物時的快感我也愛，自從當了家庭主婦之後，感覺相當壓抑，也失去了許多自我，購物的確填滿了我人生不完整之處。

但不要當購物專家的理由也早已有了，若是轉行當購物專家，為了提升專業能力，那自己勢必也會買更多東西。買東西很簡單，本質上並不具挑戰性，但要讓你買來的東西毫無痛苦地消失在你面前，那才是真本事。人若是慣性購物，又不願意丟棄舊的東西。那一個人馬上開始想賺更多錢，好買一間更大的房子，才能裝得下你這輩子辛辛苦苦所買的東西。有這種欲望之後，人很快就成為金錢的奴隸，人生不知道要消耗多少無謂的精神體力在反覆循環的購物，和購物所衍生出來的問題上。

我倒寧願做些比購物更有意義的事，比方說相夫教子。

Q：可以教我怎麼學英文嗎？還有從美國回來台灣最大的感想是什麼？會想再回去嗎？

A：當然可以，一小時收費兩千元就好。

從美國回台灣有很多感想，至於最大的感想，就是你在心裡不斷希望的事情，往往會成真，也就是美國人所謂的「吸引力法則」。

比方說，留學時期我最羨慕那些陪老公去讀書、作研究的陪讀太太。她們沒有功課壓力，不用交報告寫作業，不用上班或上課，整天買買菜、煮煮飯，想想怎麼省個一元、兩元，還有人能研究烹飪，煮飯煮成精了，老公隨口一句想吃滷肉飯、牛肉麵，肉粽、佛跳牆，做老婆的馬上端出來。平時把家裡整理得舒舒服服的，生活就算充實了。陪老公出國辦正事的太太，通常也沒人會要求你上班賺錢，老婆偶而上進心發作，想讀點書交交朋友，就去社區大學玩玩票，修幾門課。

結果當我學成歸國之後，我老公突然就成了那種老公，我也就成了那種太太，陪老公出國，功能就是煮飯婆兼慰安婦，工作時間都是晚上。早上一睡醒，就是一整天漫漫長日。所以，以前我羨慕陪讀太太的事，我把它們全做了，煮飯等老公回家吃，每天把家裡弄得整整齊齊，但家中食災發生之頻繁，煮三餐之挫折令我灰心。沒事也去社區大學讀書兼交朋友，發現身邊怎麼都是二十幾歲的小弟弟小妹妹呢？下了課別人可能會去趴踢，但我只想趕快回家煮飯。等到小孩出生，開始當全職媽媽之後，此時發現身邊沒半個家人能幫你。一個人要應付小孩、家事、老公，典型的一天就是從早忙到晚，照顧小孩必須很專注，連摸個魚、中午好好吃頓飯都不可能，原來家庭主婦比責任制的上班族還累。

所以這趟旅程最大的感想，就是當你不完全了解別人的生活，就不要亂羨慕別人，因為你所羨慕別人的事情，有一天真的會發生在你自己身上。

Q：真的不能分享一下夫妻倆一起寫部落格的壞處嗎？或者可以聊一下夫妻倆的相識過程嗎？（八婆嘴臉）

A：我要說，這是全台灣第一個夫妻一起共筆的部落格。夫妻一起寫部落格，好處肯定是大於壞處的。兩人一起經營部落格，比一個人做輕鬆許多，因為我們有雙核心處理器。寫部落格最難的是能持續發文，週週有梗，通常人在還沒看到成果之前就放棄了，但兩人一起經營，就至少有兩條生產線。能撐得比較長久就是了。

夫妻一起寫部落格，並不會增加爭執頻率。一起寫部落格，和沒有一起寫部落格的夫妻，吵架的頻率應該差不多，都是平均一週七次。

夫妻一起寫部落格，嚴格講也是有壞處的。可能就是夫妻間會感覺越來越生疏。因為平時已經所剩不多的交談時間，兩人一有空又要開始聊部落格。想說下次要寫哪個產品，要想什麼梗。兩人在生活方面的心得，也就越來越無交流，久而久之，有種夫不夫、妻不妻的感覺，性生活也隨之乏味。

Q：你們說不要買或不要做的，後來自己有沒有忍不住還是買了或做了呢？

A：其實很多東西都是我們先買了，或先做了，才告訴別人不要買的。我們是在幫大家犯錯，這是一種偉大的情操，但誤解我們的人實在太多了。

http://www.booklife.com.tw　reader@mail.eurasian.com.tw

方智好讀 061

人生，永遠需要一個理由：有事問三分鐘熱度

作　　者／三分鐘熱度
內頁插圖／大頭剛
發 行 人／簡志忠
出 版 者／方智出版社股份有限公司
地　　址／台北市南京東路四段50號6樓之1
電　　話／（02）2579-6600 · 2579-8800 · 2570-3939
傳　　真／（02）2579-0338 · 2577-3220 · 2570-3636
郵撥帳號／13633081　方智出版社股份有限公司
總 編 輯／陳秋月
資深主編／賴良珠
專案企劃／吳靜怡
責任編輯／柳怡如
美術編輯／李家宜
行銷企畫／吳幸芳 · 陳姵蒨
印務統籌／劉鳳剛 · 高榮祥
監　　印／高榮祥
校　　對／李靜雯 · 賴良珠
排　　版／杜易蓉
經 銷 商／叩應股份有限公司
法律顧問／圓神出版事業機構法律顧問　蕭雄淋律師
印　　刷／祥峰印刷廠
2014年10月　初版

定價 270 元　ISBN 978-986-175-368-3

你本來就應該得到生命所必須給你的一切美好！
祕密，就是過去、現在和未來的一切解答。

——《The Secret 祕密》

國家圖書館出版品預行編目資料

人生，永遠需要一個理由：有事問三分鐘熱度／三分鐘熱度 著. -- 初版 -- 臺北市：方智，2014.10
240面；14.8×20.8公分 --（方智好讀；61）

ISBN 978-986-175-368-3（平裝）

1. 生活指導

177.2　　103016276